AV男優って稼げるの？

しみけん式　本気で目指すAV男優

はじめに

皆さん、クンニちは！　AV 男優のしみけんです。
今回の本は……「AV 男優に関する疑問になんでも答えちゃおう！」という内容です！

今までは「早漏はどうしたら改善するの？」「中イキするには？」「勃ちが良くなる方法は？」など性の疑問に関する著作が多かったのですが、今回は「AV 男優って稼げるの？」「AV 男優になる方法、教えて！」「AV 男優ならではのテクニックってあるの？」「AV 男優として成功するのにはどうしたらいいの？」といった、職業にフューチャーしたものに仕上げました。

手マンする時に、指にローションをつけるのですが、

つけた指の表面をベッドのへりでこっそり拭いて
「指にローションが付いてないように見せる」とか

モザイクの入り方を考えたクンニや体位

などなど、プライベートではまったく使えない(!?)、でも知っていたら人に話せたり、AVを楽しめたり、AV男優という職業に興味を持ったりするテクニックを集めました。
もう、気分は手品師が手品のタネを明かしているようなもの!!
だから「そんなタネ明かしはいらないよ！」という方は、この本をそっと置いて『しみけん式「超」ＳＥＸメソッド』などを手に取ってください(笑)。

AV男優は綺麗な女性とセックスができて、お金ももらえて……本当に夢の職業なのか？

その答えは僕に聞くのではなく、この本を読み終わった“あなたの心”に尋ねてみてください。
ちなみに僕は生まれ変わってもAV男優になりたい！　そう思わせてくれる職業なんです！
ということで最後までお付き合いください！
エロしく！

しみけん

CONTENTS

警　告

本書で紹介しているテクニックは、
AV男優向けのものです。
プライベートのセックスでは
パートナーに引かれる可能性があります。
ご注意ください。

1章

「男優って本当に夢の職業なの？」の疑問に答えます！

質問 1　AV男優って ぶっちゃけ稼げるの？

答え

ぶっちゃけ、思っているほど稼げません

「稼ぐ」というのは人によって基準が違うので、一概には言えませんが、サラリーマンに確定申告の義務が発生する年収2千万円以上を「稼ぐ」の基準にするのであれば、男優70人の中で5人くらいの男優が稼げることになるでしょう。

ただ、これだけは言えるのですが、お金のためにAV男優になる人は、この5人の枠には入れません。この枠は、性に対する好奇心でAV業界に入ってきた人のみが到達できる領域です。

女優さんは1本100万円以上という高額なギャラを稼ぐこともあるので、男優も稼げるんじゃないかと思うかもしれませんが、稼げていないと思った方が良いでしょう。好きじゃないとやっていられないのがAV男優なのです。

男優70人の年収分布イメージ

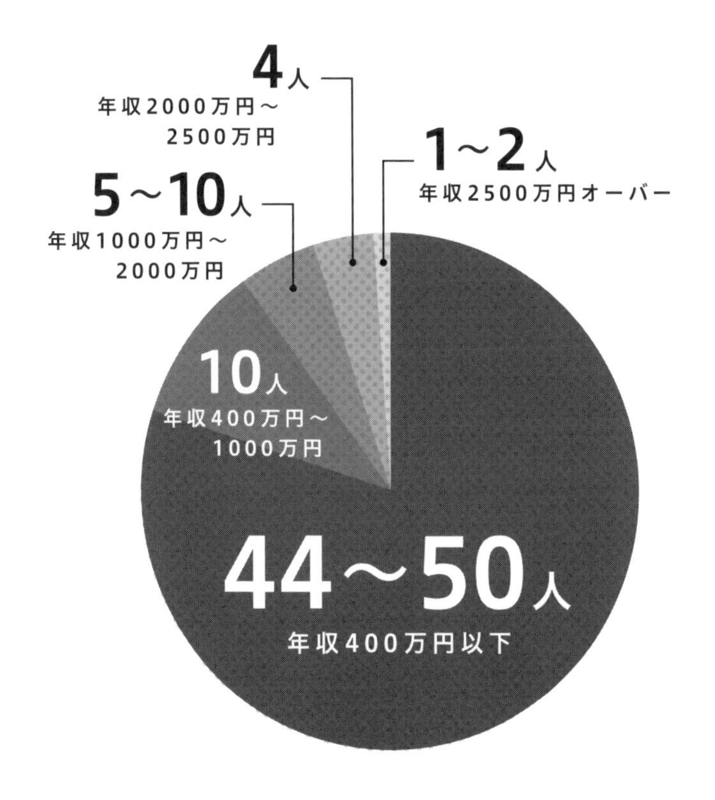

AV男優のヒエラルキー

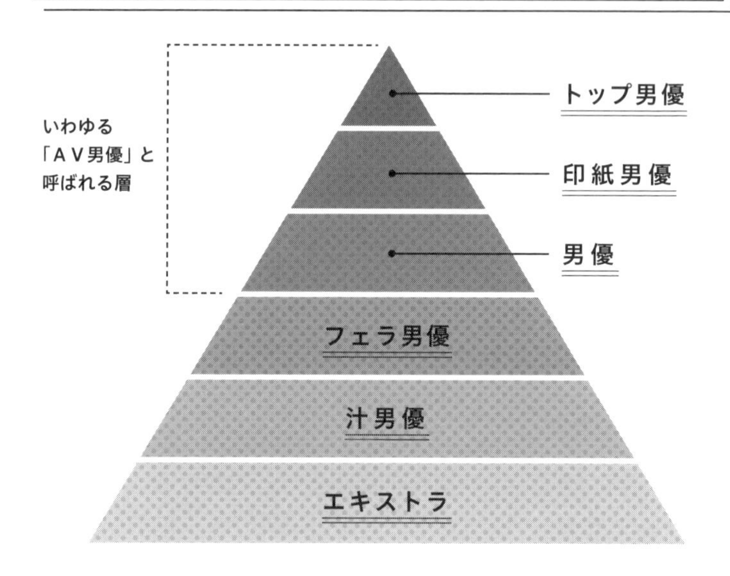

現場での待遇

	1本あたりのギャラ	女優さんとの絡み	台本	弁当	タオル
トップ男優	5万円～	○	○	○	○
印紙男優	3万円～	○	○	○	○
男優	2万円前後	○	○	○	○
フェラ男優	1～2万円前後	×	○	△	○
汁男優	3000円～1万円前後	×	△	×	×
エキストラ	5000円前後（1日拘束）	×	×	×	×

トップ男優

ギャラ1本5万円以上。年収2千万円以上を稼ぐ、AV男優のカリスマ的存在。単体女優のデビュー絡みなど、責任の大きい仕事を任される。

印紙男優

ギャラ1本3万円以上。単体女優との3P要員や、たまに1対1での絡みを任せられ始める。「印紙男優」という呼び名は、以前は領収書に3万円以上だと収入印紙を貼ったから(今は5万円)。

男優

ギャラ1本2万円前後。企画女優と1対1での絡みを任せられる。現在もっとも需要が高いのは、ギャラが2～3万円程度の男優。

フェラ男優

ギャラ1本1～2万円前後。フェラチオのみで射精する。タイミングや精液の量、女優さんの顔に乗せるなどの技術が問われるため、汁男優よりも責任は重い。

汁男優

ギャラ1本3千円～1万円前後。自分でしごいて女優さんにぶっかけるのがおもな役割。男優によっては、たまにフェラや童貞役でセックスの仕事が入る場合も。

エキストラ

ギャラは1日拘束で5千円程度。いわゆる端役で、裸にならないことも。発射もしないことが多い。

質問 2

早漏や短小でも男優になれるの？

答え

なれる！　どころか
早漏は喜ばれます！

「与えられたものを議論するのではなく、与えられたものをどう使うかを議論すべき」とはよく言ったものですが、チンコもそうです。

僕も男優になってから３年は、“千葉のシューマッハ”と呼ばれるほどの早漏でした。監督が瞬きをする間にイッてしまうのです。でも、「それほどに気持ちイイんだ！」という表現になるので、逆にほめられるんですよ！　早漏で暴発してしまい叱られるような大役は、ギャラの高い男優の仕事です。場数を踏むことによりだんだんと慣れてきて、射精のコントロールができるようになるので、早漏はむしろ武器となります。

逆に遅漏は、女優さんの体に負担をかけるので敬遠されます。また、女優さんは１日に何回も絡みをするので、デカチンだとマンコに負担がかかります。チンコの大きさはそこそこ(13〜15cm)で早漏をコントロールできて、見せられるセックスができる男優が、一番重宝されます。

早漏は経験と慣れによって克服できるので、恥じる必要はナシ!

質問 3　「とにかくヤリたい！」の気持ちがあればOK？

ヤリたい気持ちは壁をも扉にする！

最初はそれでOK！　男優を10年以上続けて、その初心を忘れていなければ、一流になっていることでしょう。

男優になるパターンは2種類で、「性に興味がある！」という人と、「お金を稼ぎたい」という人に分かれます。

男は女性と違って、興奮が勃起として見た目に表れますが、お金に対する意欲だけでは勃起はしませんよね。ですが、性に興味があれば勃起します。

男優になってから3年ほど経つと、周りの目を気にしてカッコつけるようになり、勃ちが悪くなり、つまらない絡みをするようになり、“男優の壁”にぶち当たります。この“男優の壁”というのは3年ごとに現れやすいのですが、これは「男優として認められたい」という承認欲求が「興味」という初心を忘れさせ、チンコが勃たなくなるというもの。性への興味を忘れなければ、その壁さえも成長への扉になることでしょう。

質問 4 地方住まいなら都内周辺に引っ越すべき?

答え

上にあがりたいなら引っ越すべきです

その理由はたくさんあります。まず、AV の 9 割以上が東京で撮影されています。いきなり「今から来られますか?」「明日は空いてますか?」と連絡が来たり、夜の現場でテッペン(夜 12 時)を越えた時に帰る手段があるかなど、23 区内に住んでいれば解決する問題が山ほど出てきます。

特に僕は、駆け出しのうちは超都心に住むべきだと考えています。「超都心は家賃が高いし、郊外に住んで部屋の広さを優先しよう」と考える人には、僕は AV 男優としての伸びしろをあまり感じません。理由は、「住所がその人を作る」という言葉があるように、AV 男優としてやっていくには、都心で毎日遊んで、人に話せる経験を積むべきだと思うからです。

高い家賃は、経験としてアウトプットして仕事に生かす。そのアウトプット作業が仕事を舞い込ませる。それが AV 男優として成長していくための最短ルートだと思います。

質問 5 事前に恋人や家族に相談した方がいい？

答え

「いざという時」が来る前に相談を

親友、家族、恋人には言っておいた方が良いでしょう。「バレなきゃいい」は、バレると思ってください。ただ、それぞれ立場があるでしょうから強制はしません。

人間、困った時に最後に頼りになるのはやっぱり家族。いざという時になって家族に「実はＡＶ男優をやってて……」と全部話すよりも、最初からこういう仕事がしたい、中途半端な気持ちではない、ということを伝えたうえで相談してみるのが良いでしょう。いきなり全部、イチから相談されたら……ビックリが大きすぎて相談内容が入ってきません(笑)。

質問 6 顔出しナシでもできる？

答え

できません。AV 男優だと胸を張って言えない人に伸びしろはないでしょう

そんな虫のいい話を求めているようでは、AV 男優はできません。

そもそも、なぜ顔を出したくないのでしょうか？　AV 男優のことを下に見ていて、職業差別しているということですよね。僕は「仕事は何をしているんですか？」と聞かれて「AV 男優です（まだ絡みをしていないなら、「汁男優です」とか「駆け出しの男優です」と言ってください）」と胸を張って言えないような人には、AV 男優になってほしくないと思っています。

厳しいかな（笑）？　僕は中途半端な気持ちが嫌いなんです。

質問 7　容姿がいい方がトクするの？

答え

YES。見てくれが良いに越したことはありません

とりあえず、顔がいいと女優さんの第一印象は良いでしょう。そこでイイ仕事をすると、女優さんに気に入られます。

女優さんに気に入られると、現場の雰囲気が良くなるので、結果的に監督にも気に入られます。監督に気に入られると、次の仕事につながります。

女性は男を見た瞬間、生理的に「あり・なし」を振り分けていると言いますよね。振り分ける指針は顔だけではなく、服装や髪型、清潔感も含まれているのは言わずもがなです。

AV 男優のラッキーな点は、最初は生理的に「なし」フォルダに入れられたとしても、仕事という建前でセックスができることです。そこで「なし」フォルダから「あり」フォルダに昇格する人もいます。昇格対象は、とても気遣いができて楽しい気持ちにさせてくれる人や、エッチが上手くて「相性がいい！」と思わせるだけの技術を持っている人です。

参考までに、今まで僕が現場で見てきた、男優が気に入られた時の特殊ケースを挙げておきます。

女優さんに気に入られた場合はこんなことも!

- ○○さんが来ると女優さんが上機嫌になる
- ○○さんだけ挿入OKで他の人は擬似
- 他の男優と絡んでいる時に「○○さんも現場にいてください」
- 潮吹きは○○さんだけ狙っていい
- ○○さんだけNG事項を解禁

その他、こんなことがありました

- 「○○さんの都合でスタジオを決めます」
  その日、僕が仕事で詰まっていたので仕事をお断りしたら、「前の現場はどこですか。その近くのスタジオを取りますので、1時間だけでも来てください」と。
- 台本を変えてもらえる
  僕が「その内容だと70%の力しか出せないので、断らせてください」と言ったら、100%の力が出せるように台本を変えていただいた。
- 時間を気にしてもらえる
  ニッチな時間にも対応していただけるように。
- タオルの色がうんこ色になった

……などです。本当に、皆さんに支えられての男優業ですね。

質問 8　タトゥーはＮＧ？

答え

基本ＮＧです

やはり日本はタトゥー文化に免疫がないので、男優女優ともに消すのが一般的。また、タトゥーがある男優は使いにくいというのはよくある話で、仕事に差し支えるという理由から、レーザーで消した人もいます。

女優さんはAVの仕事をしているとタトゥーが入れられないので、引退してからタトゥーを入れる人も多く見受けられます。

最近はファッション系のタトゥーが入っている人も多いのですが、撮影ではエアブラシ等で消して撮影に臨みます。アザ、キズなども消します。絡み中、消したタトゥーやキズが見えてくるとカットが入り、もういちど消し直します。

いずれにせよ、男優はタトゥーを入れない方がいいでしょう。男優がタトゥーを入れて良い場所はチンコのみ、という業界ジョークがあるくらい。チンコはモザイクで消しますから……（笑）。

質問 9　貯金ゼロでも大丈夫？

答え

最低限必要なお金があればOK

貯金はたいていの人がゼロスタート。僕もゼロスタートです。

必要最低限の男優道具(P47参照)と、スタジオに行くまでの電車賃さえあれば何とかなります。

なんなら飲み屋街のゴミ捨て場に裸で捨てられていた男優が、スタジオまで歩いてきて、その日のギャラを取っ払いでもらい、衣装の服をもらい、着て帰っていったのを知っています。

その日、持ち金ゼロでも、仕事があればその日は生きられる世界です。

質問
10 副業はＯＫ？

答え

シフトがガチガチのバイトは避けるのが吉

AV 男優という職業は、売れるまでは、男優業だけでは食べていけません。“売れる”とは、「月 25 本以上、絡みの仕事がある」状態です。なので、僕もデビューしてから１年間は、バイトをしながら男優をしていました。バイトの内容は、交通量調査や試験の願書のチェック、100 円ショップ、薬の治験、などなど。

ただ、気をつけなければならないのは、絡みの仕事が突然舞い込むこともあるということ。例えば「明日空いてますか？」といきなり連絡が来たり、本当に困っている時には「今から来られますか？」と聞かれたりもします。

突然飛び込んできたチャンスに応えることができなければ、若いうちはのし上がっていくのが難しいかもしれません。なので、月の初めに１ヵ月のシフトを提出しなければいけないようなバイトは、副業には向いていません。フットワークの軽さと仕事で結果を出すことで、必ず次の仕事につながります。バイトが入っていたがために仕事へ行けず、他のライバルや同期の男優に話が行って、そこで結果を出されたら……相当な差がつきます。

副業でAV男優をやっている人も多数！

逆に、別の仕事を本業にしていて、副業でAV男優をやっている人もたくさんいます。不動産屋、営業マン、和菓子屋、配達員、普通の会社員、スーパーマーケットのレジ打ちなどさまざまですが、突然上司がたくさん集まっている会議室に呼び出されて「このおっぱいをしゃぶっているのは君だよな？」と言われ、実際に出演している映像（しかも2本も！笑）を見せられて、クビを言い渡されたなんて話も聞くので、いつ呼び出されてもおかしくないという気持ちを。呼び出す側は確信を持って呼び出しますから、変に言い訳をせずに今後の話を進めましょう。

日時の融通がきかないバイトだと、突然のスタッフからのオファーに対応できない。チャンスを逃さないためにも、バイト選びは慎重に。

2章

「どうしたら男優になれるの？」の疑問に答えます！

質問
1
どうやって応募するの？

答え
ネットで探すのが主流です

今はSNSが発達しているので、各メーカーさんのTwitterやホームページなどで、企画に合わせて男優を募集していることがあります。それぞれの応募要項に従って応募してみてください。「AV男優　募集」で検索してみるのも手ですが、怪しげなサイトが紛れていることもあるのでご注意を。

応募動機を書く際には、「性欲を満たしたい」「毎日セックスしたい」など、自分の欲を馬鹿正直に書いてはいけません。あなたの欲を満たすためにＡＶ業界が存在するのではありません。なので、「AVの出演者が生き生きとしているのを見て、僕もこの業界で自分に正直に生きてみたいと思ったから」といった前向きで建設的かつ、ＡＶ業界の未来にプラスとなるような存在だとアピールする内容にするといいでしょう。

質問 2 AVメーカーは選んだ方がいい？

答え

選ぶのではなく、選ばれる立場

ずいぶん偉そうなことを言いますね(笑)。僕たちはメーカーさんに選んでもらうんです。特に駆け出しの頃は、より多くの未経験のセックスが男優力を育てます。もしあなたが特殊性癖(スカトロ、SM、逆アナル等)が好きならば、そういうメーカーさんに応募しても良いでしょう。

「東京ー大阪理論」。東京から大阪へ行く手段はたくさんあります。車、電車、飛行機、徒歩……どんな方法であれ、時間は違えど大阪に着きます。それと同じで、最初がどんな入り口であれ、男優の才能があれば頭角を現し、トップへの道に進むことになるでしょう。

質問 3　審査に通るためのポイントは？

答え

“かわいげ”です

よく面接などで自分の長所をアピールしたいがために、性欲の強さや、１日に何発できるとか、チンコの大きさを自慢するような人がいますが、それらは逆にマイナスポイント。そんな自慢話は腐るほど聞いていて、カメラの前では役に“勃”たないということを、全員が知っているからです。

AV 業界は人間関係で成り立っているので、「かわいがりたい」とか「面白そうだ」と思う人を引き入れる傾向にあります。ちゃんと挨拶ができて、謙虚で、かわいげがある、そして向上心のある人が選ばれやすいでしょう。

現場にいる人々は、あなたの人当たりの良さや向上心を見ている。

性欲自慢やデカチン自慢をしたり、自分の話ばかりする人は嫌われる。

質問 4 前もって準備しておくことは？

答え

パンツと爪切りとタオルとやる気、以上！

AV 男優を始めたばかりの頃は、何が必要で、どんな世界なのかも分からないと思うので、これらと 47 ページで紹介しているものを用意しておけば良いでしょう。

ほかに、これを前もってやっておけば優位に働く、というものがいくつかあります。例えば全身脱毛。ヒゲや体毛はない方が女優さんに喜ばれます。あとは体づくり。やはり、だらしない体よりも引き締まった体の方が、仕事はもらいやすいです。

撮影ごとに年齢確認の写真と 9 項目の性病検査表チェックがあるので、運転免許証とパスポートも。1 ヶ月以内に性病検査も受けなくてはなりません。9 項目は、尿淋菌、喉頭淋菌、尿クラミジア、咽頭クラミジア、ヘルペス、コンジローマ、HIV、B 型肝炎、梅毒です。

使いやすい若手AV男優像

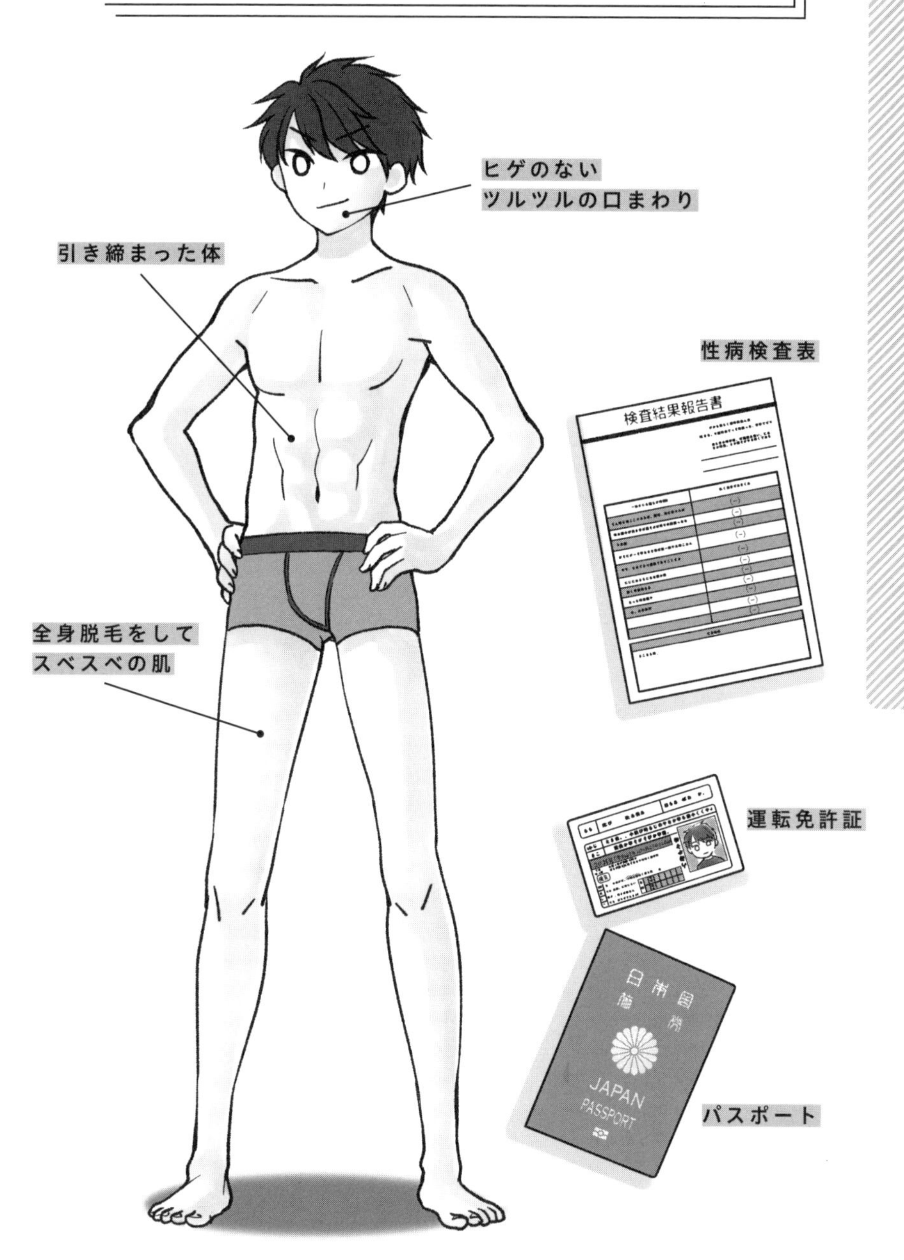

質問 5　脱毛、日サロ通い、体臭対策はするべき？

答え

体臭対策とヒゲ脱毛はするべきです

AV男優は「初めまして」の相手とセックスをするので、第一印象がとても重要。見た瞬間に相手に不快感を与えて、「生理的にムリ！」と思われても、セックスをしなければいけません。そんな空気感がにじみ出ている表情は、男女ともに地獄です。

特にヒゲは、オーラルセックスの際に女性のアソコが痛くなりやすいので、僕は24歳の時に医療脱毛でなくしました。体毛も薄い方が良いでしょうが、チン毛は少し残しておくのがベター。ツルツルだと、素人設定の仕事や彼女と同棲もの、先生が教えてあげる系、VRなどの主観もののAVに使いづらくなってしまうからです。

ただ僕は、もともとヘソから下がクマのように毛深くて、ヒゲは脱毛したものの、下は毛で覆われていたので、全裸でも「網タイツはいてるのかと思いました」「しみケンタウルス」と言われたことも。それに毛が濃いと、女優さんの体に男優の体毛がよくついて、カメラが来た時に毛が散らかって「汚い画」になるので、処理はした方が良いです。

そして、僕は40歳で全身脱毛をしたら……なんと、世界が一変！

部屋に陰毛・体毛が落ちないから汚れないし、ケツ毛もないからウンコをした時にすぐ拭き取れる！　そして筋肉がよく見えるので自信がみなぎり、体が見えるぶん「摂生しなきゃ！」という向上心が湧きました。女性からの評判もすこぶる良く、パイパン同士のピタッ！とするフィット感は「した者にしか分からない世界観」。僕は、男優でなくても男は全身ツルツルにすることをオススメします。

脱毛すると体臭も弱まります。加齢臭のように消すのにどうしようもなく時間がかかる臭いは、生活習慣で徐々に改善するとして、すぐに対応できる体臭（軽いワキのニオイや生活臭）は脱毛することで減少傾向に。

日サロは個人の肌質にもよりますし、その人のキャラもあるでしょう。ただひとつ言えるのは、「日焼けするとビタミンが作られ、血中のテストステロン値が上がり、テンションもチンコも上がる」ということ。

ちなみに、「男優は女優さんの肌の色を白く見せるために焼く」は都市伝説です。

少しのチン毛を残して、全身脱毛をするのがオススメ。

質問 6 体力をつけるために筋トレやジム通いをすべき？

答え

した方が絶対にいい！

運動はストレス発散になりますし、筋トレは男性ホルモンを分泌する効果もあるので、男優にとってプラスしかありませんよ！　カン違いしないでいただきたいのが、筋肉をつけるために運動するのではなく、自分の体の使い方が分かる、神経伝達のトレーニングのために行うのです。自分の体を動かしたり、自分の全身をコントロールしたい時に、しっかりと神経の伝達を習慣化しておかないと、いざという時に体が言うことを聞いてくれません。

セックスに筋肉や力は使いません。体の使い方が上手い人が、セックスが上手い人です。「んなこと言って、しみけん筋肉つけてんじゃん！」という声が聞こえてきそうですが、セックスのために筋肉をつけているのではなく、「セックスが上手くなりたくて勃起力を上げるためにトレーニングをしたら筋肉がついた」という表現が正しいです。

作品によって男優の適性も変わってくるので、筋肉質で腹筋が割れているというのは必ずしもマストではありません。おじさん男優や太っている人、だらしない人、ヒョロッとした人、大学生っぽい人など、さまざまな役割があります。なので、自分はどんな見た目なら一番輝けるのかをまず考えつつ、神経伝達のトレーニングをしましょう。

運動して神経伝達のトレーニングを行うことで、体の使い方が上手くなると、セックスも上手くなる。

質問 7

最初から女優さんと絡めるの？

答え

雑用同然の端役からスタート

僕が単体女優さんと絡めるようになったのは、8本目の作品からでした。2本目の時にお仕事をご一緒した方から、若くてイキのいいのがいると推薦してもらって、責任があまり重くないおまけのようなコーナーで単体女優さんと絡ませてもらい、そこで結果を出せたことが今につながっています。

が、それは23年前の話。今は絡みひとつひとつを失敗させたくないので、中堅からベテランの男優が絡みを担当することが多いです。企画ものや素人ものといった作品なら運良く最初から絡めるかもしれませんが、雑用同然のぶっかけやエキストラ、痴漢の壁役などの仕事から始まるのが普通です。皆さんは「痴漢の壁役」で「次につながる壁役」をどうやって演じますか？　なぞなぞみたいですが、本当にそこから未来のスターが生まれます。僕だったら、「場の空気を読んで、みんなの統率をウザくない程度にとろうとする」。カメラが回っていない時は、「笑顔で楽しそうにする」「挨拶と現場の整理整頓」など、カメラが回っている時以外にも気を配ります。

質問8 オナニーは控えなくても大丈夫？

答え

あなたが「大丈夫」だと思えば大丈夫

オナニーを控える理由は、人それぞれです。

僕は毎日射精をしてリズムを作っているので、射精を控えると、連休明けの仕事のように体がうまいように働きません。でも、オナニーを控えることで、我慢したぶんの情熱を仕事に注ぎ込める人もいます。そもそも自分の仕事のリズムとスタイルを知っていれば、こんな疑問も湧きません。

ちなみに、オナニーを控えていると、ペニスに血液を送り込む習慣が減り、勃ちの悪いペニスになりやすい傾向があります。

また、長時間オナニーをしていると、刺激に慣れてしまったり、ペニスが硬い状態での射精ができなくなってしまいます（通称「オナニー迷子」）。なので、僕はオナニーをする時はアラームを10分にセットし、「鳴ったら射精」というマイルールを作っています。

質問 9　特殊なプレイにも対応できないとダメ？

答え

いろんなことにチャレンジして引き出しを増やすべき！

もちろん引き出しが多い方がいいですが、何も無茶をすることはありません。何回か体感してみて分かることや、隠れていた引き出しが見つかることもありますし、それを経験値として語ることもできます。駆け出しのうちは、いろんなことにたくさんチャレンジするといいでしょう。

僕が一番オススメするのは、ニューハーフと逆アナル。ニューハーフのチンコをしゃぶると女の子の気持ちが分かりますし、勃起した時の喜びも味わえます。逆アナルは女の子にペニバンを着けてもらってプレイしましょう。この経験は本当に財産となりました。当時、僕は監督にだまされて現場に行き、しかたなくペニバンを受け入れたのですが、そこで女性の気持ちがすごく分かり、こうしたら気持ちいい、こうしたら痛くなるんだと、とても勉強になりました。

そして、一番大事な心持ちは「言われたらやる」ではなく、「興味を持ってやる」ということ。「えー……」と思うことも、気持ちを「えー……」→「こんな機会はないからやってみよう」と興味に切り替えると、見えない扉が開き、話の引き出しに収納されていきます。

もし監督やメーカーさんから「○○ってできますか?」と聞かれたら、「はい! やったことはありませんが、やりたいです」と言ってみるのが、男優としての成長の第一歩です(くれぐれも無茶はしないでね)。
※無理と無茶は違います。無理はしないと無理できなくなるので、トップになるには多少の無理をすることが必要ですが、無茶は成長と計画性のないことを言うので、無理と無茶はまったくの別物です!

質問 10 プライベートの恋愛やセックスはOK？

答え

男優として突っ走りたいのなら、控えた方が吉

男優はプライベートが充実してしまうと、仕事にいい意味でのトゲがなくなってしまいます。幸せを感じてしまうと、ガツガツしたセックスができなくなり、幸せを感じるようなセックスを求めてしまいがちです。

AVの現場では、みんながみんな愛のあるセックスをするわけではありません。「ガラス玉のような目」をした心ここにあらずの女優さんとする時に、愛のあるセックスを求めてしまうと撃沈します。

しかし、愛のあるセックスができるようになると、ガツガツ系の男優にはできないラブラブ絡みができるというメリットもあります。なので、そこのバランスは自分で決めましょう。

また、プライベートのセックスで気をつけなければいけないのが、病気のリスク。検査結果が出るまでの日程を考えて、3週間に1回検査に行くのが一般的ですが、検査を受けた翌日に性病にかかったとなると、次の検査結果が出るまでの1週間くらいはまき散らすことになります。そんなことになると信用がなくなってしまうので、プライベートでもコンドームはマストです。

現場でプライベートのような愛のあるセックスを求めてしまうと、絡む女優さんしだいでは撃沈することも……。

質問11 仕事で身につけたスキルはプライベートにも生かせる？

答え

もちろん大活躍です！

僕たちがカメラの前でやっているのは、プライベートのセックスで行う1・2・3をベースにした、応用の4・5・6。裏を返せば、1・2・3の基本のセックスがしっかりできていなければ、4・5・6もできません。男優として大成するために、4・5・6のスキルを身につけようと基本を徹底的に習得するので、おのずとプライベートにも生かせるという構図です。何も4・5・6をプライベートで生かすというわけではありません。

なので、プライベートでは1・2・3、カメラの前では4・5・6のセックスをしています。

プライベートでは、AVの撮影のような激しい動きはせず、小さい動きで大きい快楽を得られるような動きになります。それが本当に気持ちいいセックスだからです。舐める時のペチャペチャ音や潮吹き、駅弁などのアクロバティックなことはやりません。女の子にリクエストされた時だけやる感じです。

質問12 仕事とプライベートの線引きはできる？

答え

無理矢理にでもさせられます

皆さんが見ているのは完パケと言ういわゆる完成品。一番おいしいところが見えているので、仕事とプライベートの線引きが難しいように感じるかもしれません。

しかし、実際に男優の目線に立ってみると、目の前にたくさんの機材や照明、人がいて、「次はどういう展開をしていこうか」「どういうふうにリードしていこうか」ということをたくさん考えます。なので、無理矢理にでもプライベートと仕事は線引きさせられてしまうのが実情です。

仕事のノリをプライベートに持ち込んだり、プライベートの趣味嗜好を仕事に持ち込むこともありません。そこを持ち込むと仕事として上手くやっていけないということを、チンコの勃ちが教えてくれるのです。

「どうやってスイッチを切り替えているの？」と聞かれますが、現場に入ったら、その緊張感でいやおうなしに仕事モードに切り替えさせられます。

3章

「男優になってから」の疑問に答えます！

～下積み編～

質問 1　仕事の流れを教えて！

答え

オファーは日時だけ書かれたシンプルな一文

「○日○時からいかがでしょうか？」

監督もしくは社員さんから、まったく内容が書かれておらず、日時だけが書かれた武骨なメールやLINEが来ます。これがＡＶ出演のオファーの基本です。なぜこんなにシンプルなオファーなのかというと、内容が決まっていないか、男優は仕事の内容を知らなくてもいいと思われているからです。

オファーを受けたあとは、「キープください」（指定された日時をキープしておく）となり、その日にちが迫ってくると、内容や男優が空いている時間帯、ギャラなどを考慮したうえで「決定でお願いします」「バラしてください」などの連絡が入ります。詳しい時間は、撮影前日に助監督や監督から告げられます。

現場入りしてからの流れは、男優のランクによってまちまち。新人男優の場合は、数時間待たされて出番はちょっぴりということもザラです。

質問 2

何を持っていけばいい？

身分証明書と性病検査表

あとはパンツを何枚か、タオル、歯ブラシ、舌ブラシ、爪切り、爪やすり、コンドーム、領収書、ハンコがあれば、とりあえずはOK。

身分証明書は顔写真付きのもの、性病検査表は１ヵ月以内の９項目のものが必要となります。性病検査はメーカー指定の検査場で受け、約２万円かかります。

質問 3　初めての現場で注意すべきことは？

答え
女優さんになれなれしく話しかけないことと皆さんへの挨拶

まずはスタッフの皆さんへの挨拶と、そのあとのコミュニケーション。自分は一番の下っ端なのだとわきまえて行動しましょう。また、女優さんに話しかけるのもＮＧです。

初めての時は、自分を売り込もうと必死になる人もいますが、そこは落ち着いて。また、スタッフの方々もあなたのことを知らないので、その仕事ぶりや動きを見て勉強しつつ、自己紹介のタイミングをうかがいましょう。

挨拶はしっかりと、使ったものはかたづけて、トイレが汚れていたらキレイにし、来た時よりも美しく、を心がけていればまずは合格と言えましょう。

スタジオの後かたづけも新人の大事な仕事。トイレが汚れていたら自主的に掃除を。

質問 4

台本は現場でもらえるの？

答え

もらえるのはフェラ男優以上のみ

新人はもらえません。

台本とタオルとお弁当がもらえるようになるのは、香盤表（出演者の出番が書かれた紙）に自分の名前が記載されるようになってから。要するに、フェラ男優以上の人がもらえるということです。

下積みの間は、説明が壁などに貼り付けられていたり、口頭で説明されたりするだけです。もちろん、台本を持ち帰るのもNGです。

質問 5 新人にも演技指導はあるの？

答え

演技指導はあっても
技術的な指導はナシ

新人でもベテランでも、絡みの前には演技指導や演出が入ります。

演技指導といっても「技術の指導」ではないので、「こういう立ち位置だから、こういう絡みの展開をしてください」「絡みの流れはこういう体位で」といった作品の流れのようなものです。

ちなみに僕がこれまでに印象に残っている演出は、責められ役のM男をやる男優に、「気持ちいい時は声を出すのではなく、シーツを手でギュッと握ってください」というものでした。知らなかったな～（笑）。

なのでＡＶ男優の技術は先輩の絡みを見て勉強するしかありません。また、監督の演出はカメラ位置や照明の位置を踏まえた内容になるので、とても勉強になります。この時に分からないことは監督に聞きましょう。

質問 6　待ち時間が長いと聞いたけど？

答え

伸びる男優は
空き時間を無駄にしない

4時間、5時間は当たり前。僕は最長13時間待たされたことがあります。そして、この待ち時間をどう有効活用するかが、今後の男優の分かれ目、分水嶺だと思っています。

伸びない奴らはゲームをしたり寝ていたりしますが、伸びる男優はスタッフさんとしゃべって交流したり、読書をしたり、ストレッチをしたりして、1分でも自分の成長の糧にしようと時間をアグレッシブに使っています。

駆け出しの頃は数時間待ちが常。
その時間を成長の糧にするか、無為に過ごすかは自分しだい。

質問 7 緊張で勃たなくなったらどうする？

答え

勃起しなければ無理にでもさせろ！

チンコは緊張したり焦ったりすると勃たなくなるものです。

勃たせるよう普段から精神を集中させ、どうしても勃たなかったら目をつむってしごくもよし、深呼吸して落ち着かせたり、時には勃起薬を飲んだりして、どうにか勃たせます。勃たなかったら作品になりませんので。

勃ち待ちの時にスタジオに響き渡る、チンコをこする「シャカシャカ音」は胸が締めつけられる音です。

質問 8　イクのを我慢できない時はどうする？

答え　事前に監督に相談しておくのも手

3年目までは暴発しても〇です。

イクのを我慢できないような男優には、重要な仕事は回ってきません。しかし、むしろ早くイッてしまうことにより、「女優さんにテクニックがある」「気持ちいい」ということを表現できるので、監督と相談のうえ、そのままイッてしまってもいいと思います。

あらかじめ監督に自分は早漏だと伝えておいて、もしどうしても我慢ができなくなったらどうしたらいいのか、相談しておきましょう。

質問 9　監督の意図が分からなくても従うべき？

答え

分からなかったら聞け！
聞くことは恥ずかしいことじゃない

仕事ができる人とできない人の大きな違いは、「自分が何を求められてここにいるのか」を理解しているかどうかです。

僕がまだ若手だった頃に受けた、ある監督からのお叱りはとても印象に残っています。僕と女優さんが学生服を着て絡みをしたのですが、僕はまったく設定を踏まえた絡みをしませんでした。学生らしい会話や言動を盛り込まなければ、僕が呼ばれて、制服を着ている意味がないですよね。

なので、自分の役割は？　言動の意味は？　……を考えて、分からないことは絶対に聞かなきゃ駄目。聞くことは恥ずかしいことではありません。違和感をほったらかしにしていたら、後で大問題になりかねないので、僕は少しでも違和感を感じたら、そのつど聞くようにしています。

聞くは一瞬の恥、聞かぬは一生の恥。分からないことをそのままにしていると、周りに大迷惑をかけてしまうことも。

質問 10 いつでも先輩を立てるべき？

答え

ちょっと背伸びするくらいがちょうどいい

前の項で述べたとおり、仕事ができる人とできない人の差は、自分が呼ばれている意味や立ち位置の理解度にあります。

たとえ先輩がいたとしても、後輩には後輩としての動き方がありますし、失敗しても先輩が助けてくれます。なので、ちょっと背伸びするくらいがちょうどいいでしょう。背伸びしたぶんが、その人の伸びしろに変わります。

先輩がいると萎縮してしまって、前に出てこない人をよく見ますが、僕はそういう人を「伸びしろがないな」と感じてしまいます。

質問11 先輩から直接指導は受けられる？

答え

目で見て技を盗む、が基本

テクニックや技術的なものは、かわいげがある人なら教えてもらえることも。でも基本はトライ＆エラーの繰り返し。

潮吹きなどは、先輩の動きを直接見て、何となくマネをして、初めて吹かせた時にその感覚を覚えておく……という流れになります。僕が初めて吹かせた時は、女優さんに「もうちょっと手前を押すようにして」と言われて、そのとおりにしたら「ビューッ!!」と吹いたんです。その感覚を忘れず、次の絡みの時にもう一度試す、というのを続けていれば吹かせられるようになります。

質問 12 「汁親」ってどんな人？

答え

新人男優の先生でもあり
親でもある人

まぁ……良く言えば学校の先生のような存在でしょうか(笑)。

何も分からない新人には業界の“あいうえお”を教えてくれますし、悩み事があれば相談に乗ってくれますし、男優の成長を温かく見守ってくれます(の、はず！笑)。

もともとはスタジオのポストにチラシが入っていた「何でも屋」に「射精依頼」をしたのが汁男優の始まり。そこで男優の手配をしていたＡＤさんが、「会社を通すと何でも屋への報酬が高くなってしまうから」と言って、やって来た何でも屋の人に直接連絡先を聞いたのが汁親の始まりだと言われています。

今は素人現場で参加していた人をスカウトしたり、人に紹介してもらったりして、所属することが多いようです。

汁親の中には、汁男優の手配で財をなし、都内に一軒家を建てた人もいます。ちなみにその家は「汁御殿」と呼ばれています。

その汁親のもとから一流男優が生まれたら、汁親はとても鼻高々。なので、お世話になった汁親さんのためにも、切磋琢磨して一流男優を目指しましょう！

質問 13 大失敗したら、次はない？

失敗したらそこからがスタート

本来、誰でも失敗するものです。逆に失敗をしてこなかった人は、挫折を味わった時に立ち直れなくなってしまいます。

なので、早めに失敗を繰り返して、どうすればその失敗を補えるのかを考えていけば良いでしょう。転んだことよりも起き上がり方を考える。「原因の分からない失敗をなくしていく」ということも、とても大切です。失敗には必ず理由があるので、それまでの過程を考え、失敗したこと自体は忘れて次につなげる。トライ＆エラーの繰り返しです。

質問 14 1日も早く成り上がるための秘訣は？

答え

そんなものはありません。
“コツコツ”が勝つコツです

では、そのコツコツの仕方はどうすればいいのかと言いますと、毎日現場で話した内容や「なるほど」と思ったこと、自分の課題などを、ノートに書き留めて復習しましょう。

それとは別に、教養をつけるべく読書をしたり、精力を養うためにジムに行ったり。面白い男優ほど面白い人生を歩んでいるので、よく遊ぶというのもアリでしょう。

ただし、お酒、タバコ、ギャンブルはやめた方が良いです。お酒は勃起を弱くしますし、翌日の汗のかき方も違ってきます。AV男優でお酒を飲む人は、ほとんどが悪い方向へ向かっています。世の中、酒で失敗する人の多さを見れば分かるでしょう。

タバコもどうしてもニオイが残るので、女優さんに悪いイメージを与えますし、勃起にも影響します。「吸うと落ち着く」は間違いで、ハナから吸わなければ、落ち着かせる必要のあるストレス自体が起きません。

ギャンブルも必ず悪い方向に向かいますのでオススメしません。

AV男優として成り上がりたいなら、依存性のあるものは初めからやらないことが大切です。

質問 15 AV男優の世界に派閥はある？

答え

ありますみ。ただ、あるからといって特に支障もありません

男優の派閥って……何ですかね（笑）？　よくご飯に行く先輩・後輩のことを言うのでしょうか？　だったら「仲のいい男優・お世話になった男優」という表現の方がしっくりきます。

派閥（というような表現にしましょうか 笑）が顕著に表れるのは、潮吹きの型です。潮吹きは師事した先輩の型を受け継ぎ、人差し指と中指で吹かせる加藤式、中指と薬指で吹かせる狐式（オーソドックス式）などがあります。

そもそもAV男優は、プライベートで会いたがる人、会いたがらない人に分かれます。僕はあまりつるまないのですが、仲のいい人同士で交流することで、複数プレイの時に阿吽の呼吸ができるのはとても良いこと。派閥が違うからといってぎくしゃくすることはありませんが、「○○君は○○一派だからなぁ」と冗談で言われることもあるそうで……。

なので、派閥があるといえばあるのですが、あるからといって何がどうなるということもありません。ただ、仲のいいグループという印象です。

質問 16　汁男優を卒業するタイミングは？

汁親の手を離れて独り立ち

汁男優からの卒業は、イコール汁親からの卒業です。

そのタイミングは自分で決めるもの。誰かに決めてもらったり、何か目安があるわけではありません。

決意を固めたら、世話になっている汁親に電話して、「これからは汁以外の仕事で頑張っていこうと思います。○○さんに受けたご恩は決して忘れません。○○さんが『あいつは俺のところで男優やってたんだよ』と言えるくらいの男優になりますので、今後もよろしくお願いいたします」と伝えましょう。一番の恩返しは、一流になって「あいつは俺が育てた」と言わせてあげることです。

汁親の手を離れたあとは、自分の手で自分の需要を作り出しましょう。自分は何が得意で、何を求められやすいのか。それを光らせて耳目を集めることが重要です。僕が若手の頃は、「元気」と「みんなの笑顔を作る」に徹しました。

汁親の世話になっているかぎりは、汁男優から上には進めない。卒業する決意を固めたら、汁親に電話して決意と感謝を伝えよう。

質問 17

SNSはやった方がいいの？

答え

絶対にやるべき！

AV男優という職業はネタの宝庫なので、書き方ひとつでいろんな人に興味を持ってもらえ、いろんなオファーを受ける可能性につながります。特にSNSは、「どうしたら相手に短い文章や写真でこの面白さを伝えることができるかな」と考えるので表現の練習にもなりますし、自分がどういう人間なのかを、クライアント側にも分かってもらいやすくなります。

また、男優の仕事は実務の伴う日雇い労働なので、体調を崩した時などに収入源が断たれるとどうにもなりません。なので、SNSで少しでも収入があると心強いです。

注意しなければいけないのは、いろんな人から連絡が来てトラブルになったり、冷やかしで精神が病む、美人局にあう、などです。そういうものには目を向けない「スルー力」は男優としてプラスに働きますし、「何かを発信していこう」という姿勢に人は注目するものです。なので、コツコツとコンテンツを貯めていきましょう。

AV男優は体が資本だが、体調を崩すなどして休まざるを得ないことも。そんな時にも、SNSで多少なり収入を得られると心強い。

質問 18 モテ or 非モテ？ AV男優の現実は？

答え

モテるかどうかは分かりませんが、珍しがられることは多いです

モテるかどうかは人それぞれだと思いますが、AV 男優という職業が多くの人に珍しがられる、興味を持たれるのは本当です。

この職業は日本に 70 人ほどしかいないため、皆さん興味深そうに話を聞いてきます。そして、みんなが同じ質問をしてきます。

「良かった女優さんは？」「儲かるの？」「大変じゃない？」「本当に挿入してるの？」etc……。

たぶん全質問を集めても 100 はないと思います。なので僕は、どんな質問が飛んできても「人が聞きたくなるような答えとエピソード」を考え、話すようになりました。

このやり取りで相手に笑顔を作り出せるかどうかが、今後の男優としての人生を大きく変えるでしょう。こういうプライベートでのトークは、仕事でも必ず生きてくるからです。場を和ませたり、女優さんと早く打ち解けたり。AV 業界でアンテナを張っているかぎり、話と興味のネタは尽きません。僕は男優という人生を生きてきて本当に良かったなと思っています。

プライベートでもトークスキルを磨き、仕事に生かそう。

質問
19 引退する時期やきっかけは？

答え

人それぞれです

AV 男優に退職年齢はありません。仕事が減ってきたら、食べるためにバイトと掛け持ちし、徐々に割合がバイトの方へシフトチェンジしていき、「ぬるっ」と引退していくパターンが多いような気がします。

仕事が減る原因は、勃起力や射精力がついてこなくなったり、若手の台頭や人間関係をうまく構築できなかったり、あまり歳が上だと若い監督が使いづらくなってしまったり、歳をとった男優と若い女優さんの組み合わせに違和感が出てきたり……とさまざまです。

引退する理由も、仕事が減ったから、の他に、彼女ができたから、結婚を機に、子どもができたから……など人それぞれ。ですが、仕事がなくなってフェードアウトという理由が一番多いです。

そして、AV 男優ならではの「世間の声」というものがあります。それは、結婚や子どもができたという人生の大きな節目の時に出てくる「男優は続けるの？」「仕事はどうするの？」という声。これって逆じゃない!?　一般職だったら、結婚したり子どもができたら「仕事頑張んなきゃねー」なのに、男優だと「続けるの？」「仕事は？」って……職業差別ですよね。こういう聞き方をしてくる「無意識に職業差別してくる人」は超多いです。僕はそういう人には「男優は続けますが、あなたとの交流は続けませーん」とフェードアウトします。

ＡＶ男優に定年はないが、それぞれの理由からフェードアウトしていくパターンが大半。

4章

「男優としてのし上がるためには？」の疑問に答えます！～トップ男優編～

絡み前に確認すべきこと

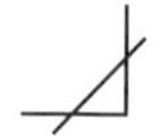

監督やメイクさんに確認することは？

絡みの流れにはすべて演出が入るので、演出にあてる時間が平均で5～10分程度、長い時には30分程度かかることもあります。この間に、以下のことを監督に確認しておきましょう。

- ✔ 騎乗位の時、ベッドに対してどう寝るか（抜けの確認）
- ✔ 発射の時の女優さんの頭の向きは上手か下手か
- ✔ 顔射する場所
- ✔ 消している部分はあるか
- ✔ 衣装の残し具合

女優さんがタトゥーやキズ、アザ、ホクロなどを消している場合、だいたいはメイクさんが先に教えてくれます。分からない場合は、自分から聞いてみましょう。

「カットをかける勇気」を持つ

女優さんには「痛くなったことある？」と聞いてみて、あるという場合はどこが痛くなったのかを確認します。マンコの下の方が切れてヒリヒリするのか、膣の奥が痛くなったのか、などです。

そのうえで、「ローションはたっぷり塗りましょう」と言って、女優さんを安心させてあげましょう。

3絡み目以降ともなると、女優さんの集中力が途切れて「マンコぽかーん現象」になることがあります。でも、それに気づけるのは男優だけ。男優が言わないかぎりはカットにならないので、女優さんがしんどくなる前に「すみません、カットしてください。自分でギリギリまで持っていきます」と言ってカットしてもらいましょう。カットは男優と女優しかかけられないので、カットをかける勇気はとても大切です。

集中力や流れを途切れさせないためにも
必要なテクニック

「秒」でブラを外す

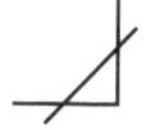

いかにたるませるかがカギ

左手で外す場合、中指でホックの左側(下側)を押さえて、親指で右側(上側)をたるませると、ホックが起きてすぐに外れます。

これは練習をすれば、すぐにでもできるようになります。このテクニックを習得すると、キスをしながらブラを外したり、ブラを外すことで集中力や流れを途切れなくさせたり、服を残したままで下着を外し、ニット越しのおっぱい、乳首をチラ見せするなどのプレイに応用できます。

絡みの前には必ず、衣装のファスナーの位置など着衣に関する確認をします。その際に、ブラのホックの位置が後ろなのか前なのか、肩ひもにZカン(肩ひもを着脱可能にするためのパーツ)があるかも確認します。Zカンがあれば、着衣のままで下着を脱がせられるからです。女子校生、OL、看護師などのシチュエーションものは衣装を残すことが多いので、Zカンの有無を忘れずに確認しておきましょう。

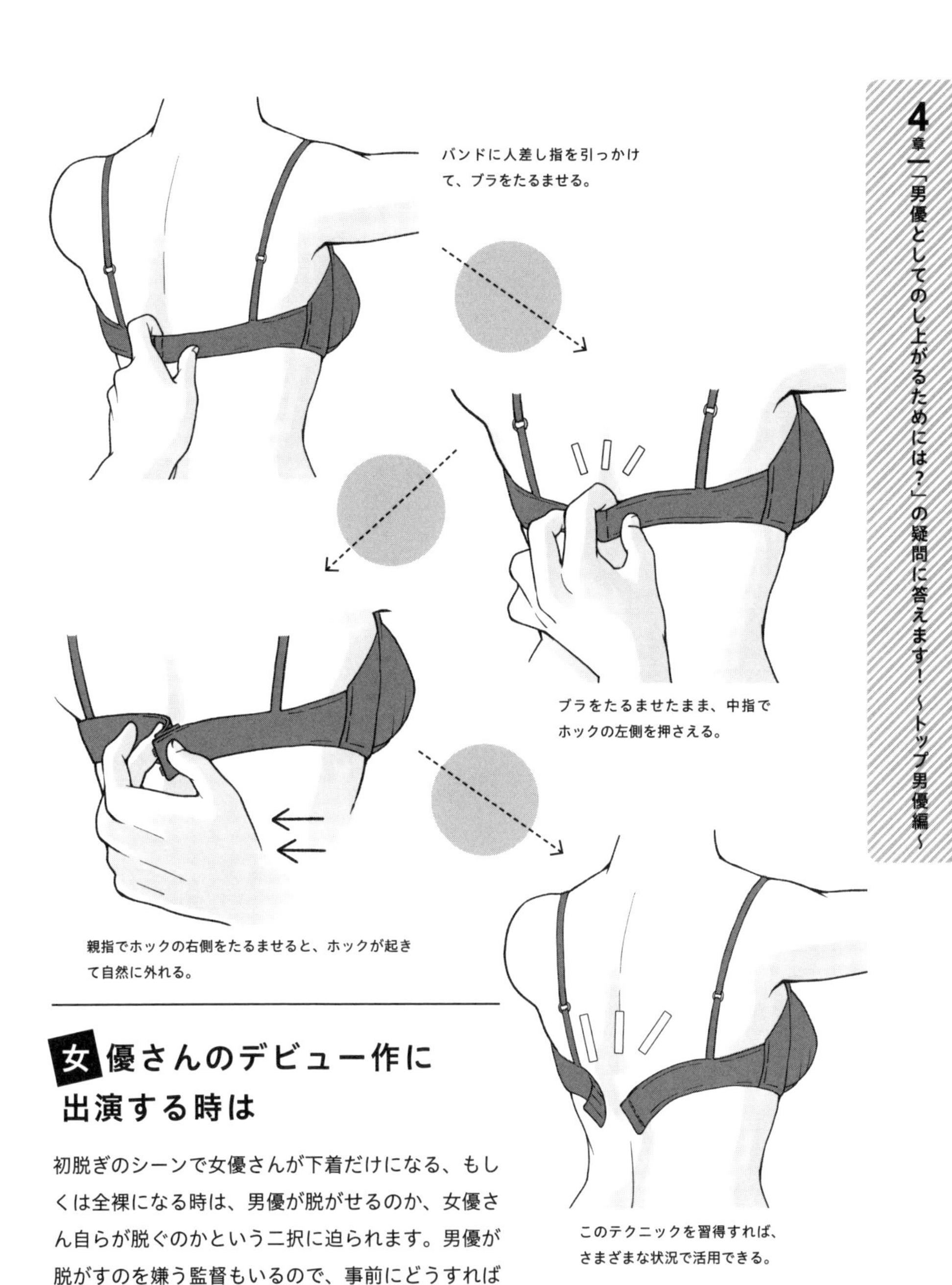

バンドに人差し指を引っかけて、ブラをたるませる。

ブラをたるませたまま、中指でホックの左側を押さえる。

親指でホックの右側をたるませると、ホックが起きて自然に外れる。

このテクニックを習得すれば、さまざまな状況で活用できる。

女優さんのデビュー作に出演する時は

初脱ぎのシーンで女優さんが下着だけになる、もしくは全裸になる時は、男優が脱がせるのか、女優さん自らが脱ぐのかという二択に迫られます。男優が脱がすのを嫌う監督もいるので、事前にどうすればいいかを監督に確認しましょう。ブラを上にズラすか下にズラすかも確認しておくと万全です。

キスものの撮影前に口が渇いていても
瞬時に対応できるテクニック

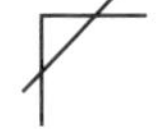

「秒」でヨダレを作る

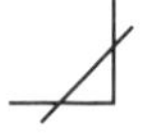

口臭は相手の心を萎えさせる！

いい雰囲気になっていても、キスの時に口臭がしたら……気持ちが萎えてしまいますよね。歯磨き・舌磨きができたり、ガムを噛めれば良いのですが、キスとラブストーリーは突然に。準備ができない時も多々あるでしょう。

そんな時は、歯と唇の間に舌を差し込んで、前歯から右回り or 左回りに、歯茎に沿ってグルッと回す。これを何回か繰り返すと、自然にヨダレが湧いてきます。

ヨダレが出てきて、口の中が少しでも潤えば、口臭も軽減します。逆に、緊張しているとのどが渇いて口臭の原因になりますので、プレゼンテーションなど緊張する場面に使えますし、舌を動かすことによって表情も柔らかくなるので、これはオススメです！

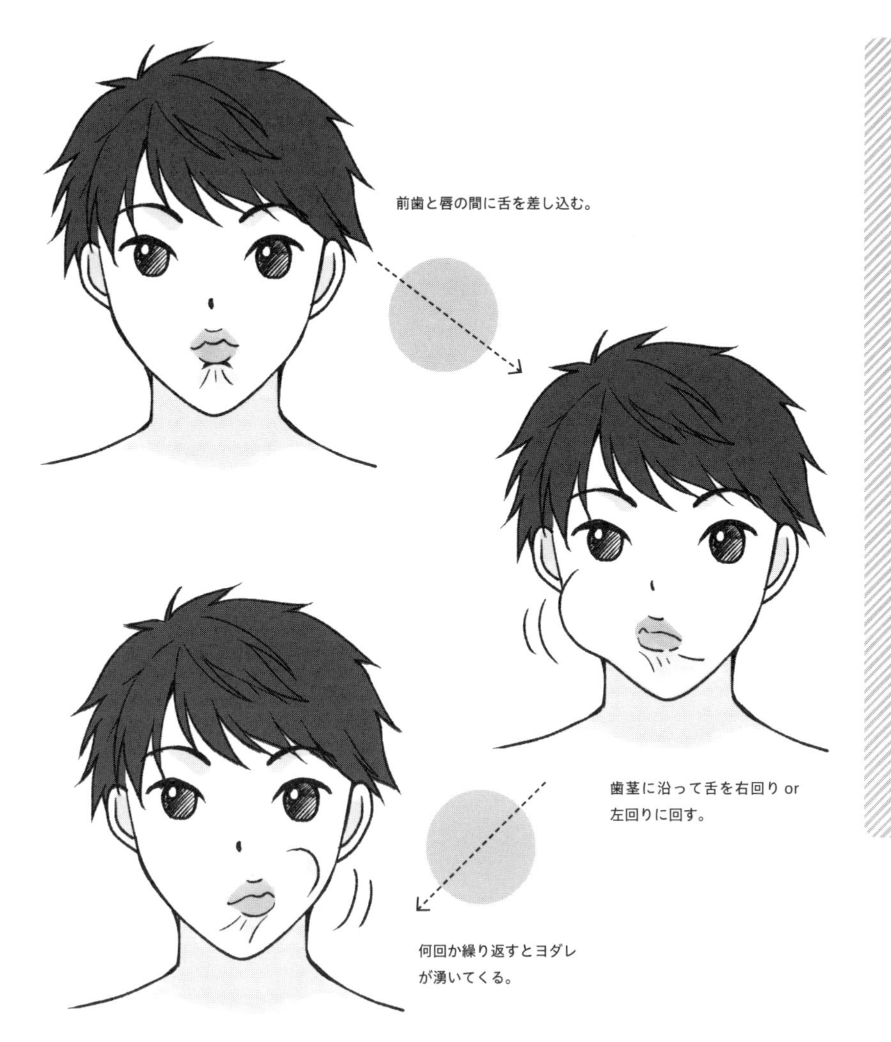

ヨ ダレローションを使うこともある

キスものの撮影では、ヨダレローションを口の中に含むことがあります。カメラが股間を撮っている時に、AD さんがシリンジで男優や女優さんの口の中に薄めたローションを入れ、それをクチュクチュしてヨダレの代わりにするというもの。絡みボックス（絡みの現場に必要な物をすべて入れた箱）にポッ○レモンが入っている場合は、それを口の中に垂らすこともあります。

自分・パートナーのテンションを
下げないためにも必要なテクニック

「秒」でコンドームを着ける

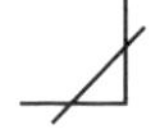

手元を見ずに行うと萎えにくく
女の子もテンションが落ちない

よく聞く悩み・質問が、コンドームを着けるタイミングと、コンドームを着けると萎えてしまう、です。着けるタイミングは撮影の流れがありますから、その時々で違いますが、オーソドックスなのはフェラやシックスナインのあたりです。コンドームを受け取るタイミングは、男優が合図を出します。手をカメラフレームの外に出せば、AD さんが渡してくれます。

AD さんからコンドームを渡されたら、リング部分を触って裏表を確認。伸びる方が表、伸びない方が裏なので、そこで判断してください。精液だまりをねじって空気を抜いたら、コンドームの表を上にして亀頭にかぶせ、一方の手で亀頭を押さえながらもう一方の手でスルスルッとリングを降ろせば OK。その際、目線はずっと女優さんを見ていること。コンドームを着けることに一生懸命になって手元を見てしまうと、女優さんが置いてけぼりになってテンションが落ち、自分も萎えてしまいがち。目線を合わせたままでキスをしながら、クンニしながらなど、お互いがつながっている状況を保つのがコツです。

上手くできないという人は、家で何度も練習しましょう。女優さんに「え、いつ着けたの？」と思わせることができれば、男優冥利に尽きるというものです。

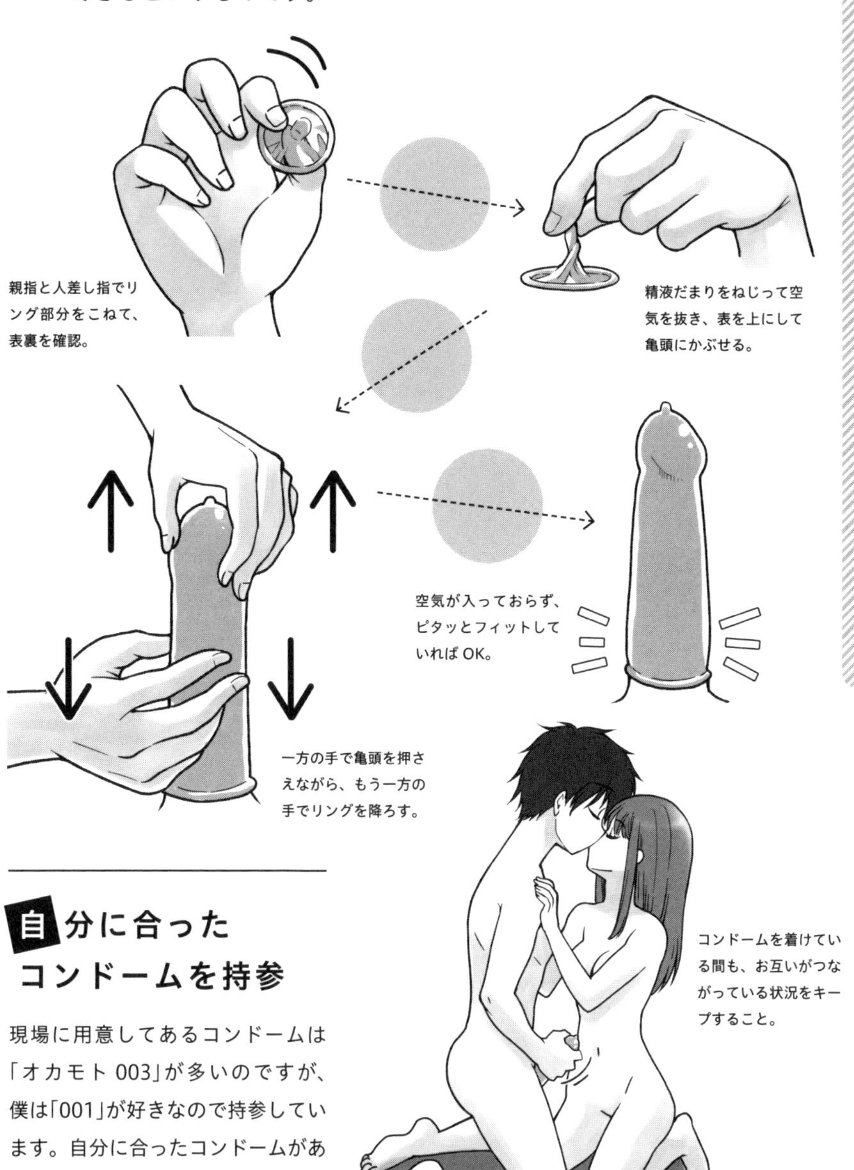

自分に合ったコンドームを持参

現場に用意してあるコンドームは「オカモト003」が多いのですが、僕は「001」が好きなので持参しています。自分に合ったコンドームがあるなら、持参するのがオススメです。

「Aカップでもできた！」という
自信も与えられる

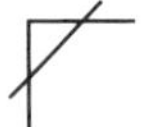

微乳でもできるパイズリの方法

パイズリは瞬時に教えることができなければならない

パイズリはしたことがない人も多いです。なので、撮影中に「おっぱいで気持ち良くして（パイズリして、だと味気ないので僕はこう言います）」と言った時に、「え!?　したことないから分からないです」と答える女優さんも多いです。

そんな時は画の中で「こうして手をL字にして、挟んで、人差し指でロックして」と言います。すると女優さんは「わぁ！」としたことのない、できなかったことが「できるようになった成長と達成感」で嬉しそうにします。手をL字にする時は「乳首が見えるように」。

ちなみに、僕はAカップの女優さんにお願いすることが多いです。「たぶんしたことがないだろうし、できないと思っている」ので、「Aカップでもできるんだ」という自信も与えられますし、何でも初めて○○した人は印象に残りやすいですよね。

注意点は、パイズリをしていると女優さんの目がおっぱいにいきがちな点。なので、人差し指でロックしたら「こっち見て」と言って顔を上げさせましょう。すると胸も張るのでやりやすくなります。

パイズリの方法は、女性がひざ立ちをしているパイズリ、女優さんが寝ているマウントパイズリ、男優が寝て女優さんが上に乗るパイズリがあります。どれも女優さんの手の形は同じですが、男優が寝る体勢の場合は、男優がヒップスラスト(お尻の筋肉でシャフトやバーベルを持ち上げるトレーニング法)のように腰を浮かせ、男優の両足の間で女優さんが正座して、ひざを入れてパイズリします。

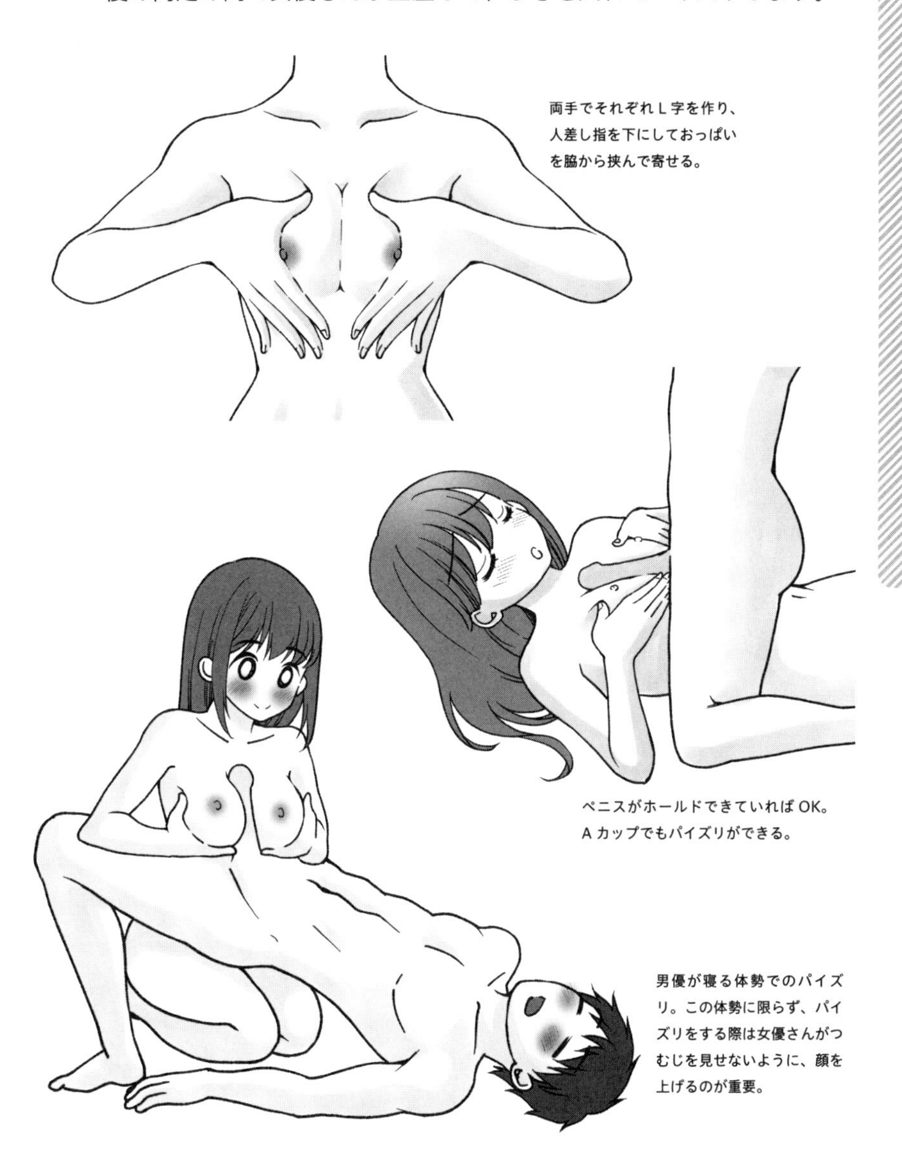

両手でそれぞれL字を作り、人差し指を下にしておっぱいを脇から挟んで寄せる。

ペニスがホールドできていればOK。Aカップでもパイズリができる。

男優が寝る体勢でのパイズリ。この体勢に限らず、パイズリをする際は女優さんがつむじを見せないように、顔を上げるのが重要。

デキる男優は巨乳の見せ方も上手い！

巨乳の正しい愛撫法

巨乳を支えて揺らすのがプロの流儀

女優さんが巨乳であればあるほど、絡みが終わったあとに、前腕がパンパンに張って、疲労度も高いです。それは、巨乳をつねに揺らし続けていないといけないという使命があるからです。

注意しなければならないのが、巨乳は大きく揺れるとおっぱいを支えるクーパー靭帯が損傷し、１回切れたクーパー靭帯は元に戻らないということ。なので、巨乳の女優さんは大きく揺らされるととても不安そうで、痛そうにしている時も。

男優と言う字は「優しい男」と書きますよね。

なので、絡みの前に「おっぱいが飛んでいかないように、軽く支えて揺らすね」と一言伝えると、女優さんは安心をしますし表情も柔らかくなります。

支え方は、下乳に男の手をＬ字にして添えたり、握り潰すようにして押して支えたり、女優さんの手を交差させて支えたりといろんな形があります。また、おっぱいの潰し方でおっぱいの表情が変わるので、「どういう揉み方や潰し方をしたら見ている人にこの柔らかさが伝わるかな」と考えながら巨乳を楽しんでください。

僕が駆け出しの頃、監督に「手におっぱいを揉みたいと言う気持ちが出ていない！」と叱られたことがあります。揉みたいという気持ちは手の血管や筋肉の筋に現れますので、僕は強くせずとも血管や手の筋肉が出るようにして、「揉みたい、揉みたい」と念じながら揉ませていただきます。

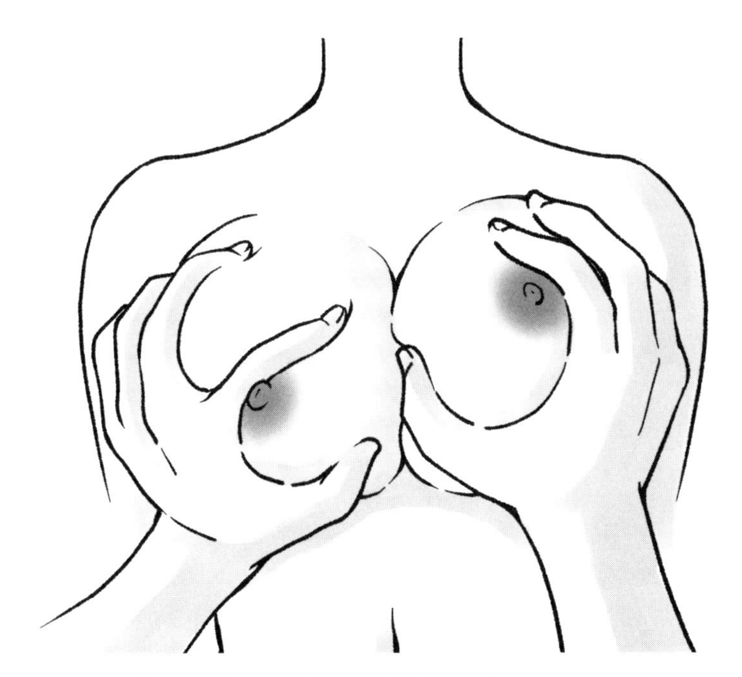

おっぱいをわしづかみにして、愛撫しつつ、痛くならないように支えてあげる。

「鬼に金棒、虎に翼、男優におもちゃ」と
言われるように！

ローター責めのコツ

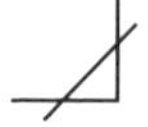

聴覚、触覚も刺激してからアソコを責める

男優がAV作品の中でおもちゃを使うのは、おもちゃを使ったことがまったくない女優さんや、普段からおもちゃでオナニーをしている女優さん、おもちゃを使うと反応の良い女優さんなどの時が多いです。

奇をてらっていきなり当てる場合や、目隠しをするシチュエーションもありますが、王道はまずおもちゃを見せて使ったことがあるかどうかを聞きます。

次に動きを見せて、どういうふうに使うのか、これが当たったらどうなるのかを想像させます。

次に耳で音を聞かせます。初めての人はびっくりするかくすぐったい感覚に襲われますが、普段から使っている人はこの音が聞こえると快楽が来るというのを知っているので、音だけで濡れる人もいます。

音を聞かせたら、次は首、乳房、乳首、体を這わせながら、鼠蹊(そけい)部、子宮の上、大陰唇からクリトリスへ。気をつけたいのは、強い振動で痛くなってしまうこと。

クリトリスに当てる時は、皮を剥いて当てるか皮の上から当てるかで、刺激の強さがかなり変わってきます。そんな時はまず皮の上から当てて、「強い？」「もう少し強くしてもいい？」と相手が「強いです！」「痛いです」と言いやすい形で聞きましょう。「気持ちいい？」と聞いてしまうと、痛くても気持ちいいと答えてしまいがちなので、僕は「気持ちいい？」と聞く男優は三流だと思っています。

皮の上から当てるか皮を剥いて当てるかが分かったら、ローターはグリグリ動かすのではなく、１点集中で動かさずに当てます。自分がオナニーをしている時を思い出してみてください。絶頂まで単調な動きが続くと思います。逆にいろんな握り方、しごき方をされると、射精感が遠のいてしまいますよね。それと同じで、「気持ちいいところに当たったら動かさない」はおもちゃのみならずセックス全般において言えることです。

ずっと当てすぎるとクリトリスがバカになってしまう可能性があるので、30 秒に１回ほど一瞬離す「息継ぎ」というテクニックがあります。これは女優さんの表情を見て、行うタイミングを判断してみてください。

女優さんのデビュー作の場合、ローターは“初めてのオモチャ”になる。初々しいリアクションを見せるのも重要。

ローターを振動させて、音を聴かせる。

乳首への当て方

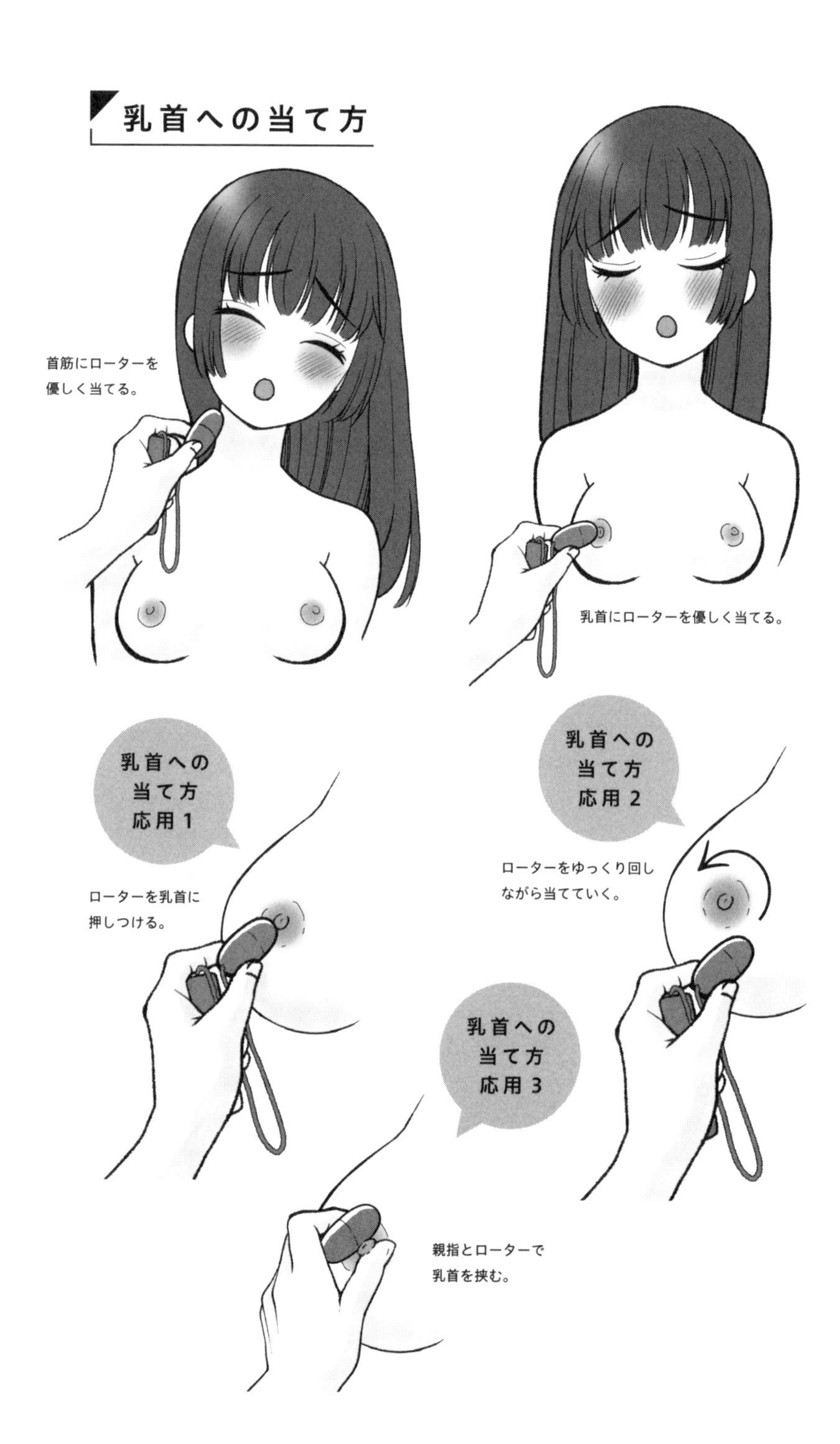
首筋にローターを
優しく当てる。
乳首にローターを優しく当てる。
乳首への
当て方
応用1
ローターを乳首に
押しつける。
乳首への
当て方
応用2
ローターをゆっくり回し
ながら当てていく。
乳首への
当て方
応用3
親指とローターで
乳首を挟む。

クリへの当て方

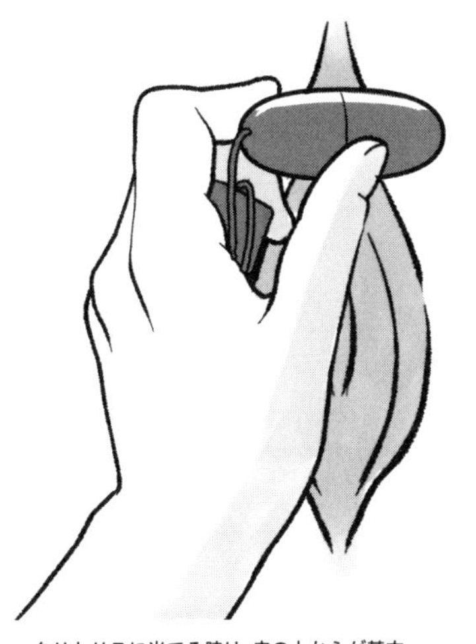

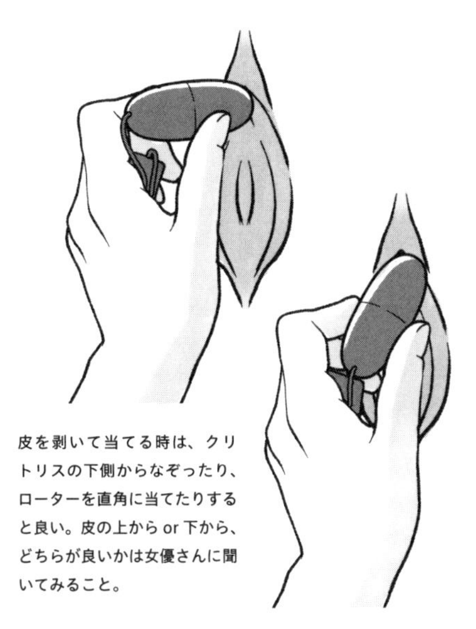

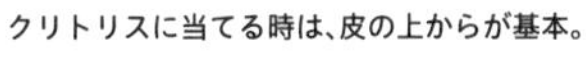

クリトリスに当てる時は、皮の上からが基本。

皮を剥いて当てる時は、クリトリスの下側からなぞったり、ローターを直角に当てたりすると良い。皮の上から or 下から、どちらが良いかは女優さんに聞いてみること。

ローターを挿入

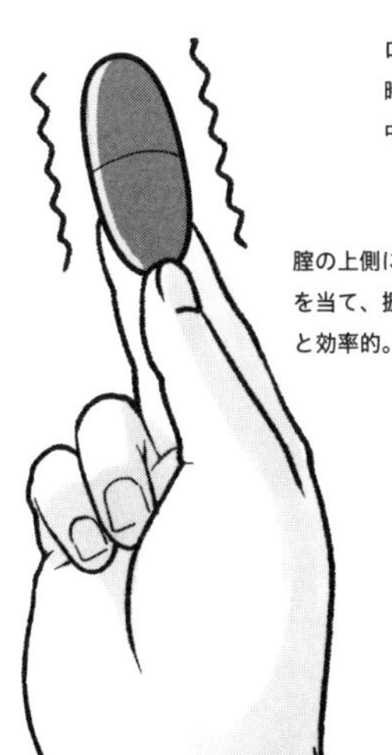

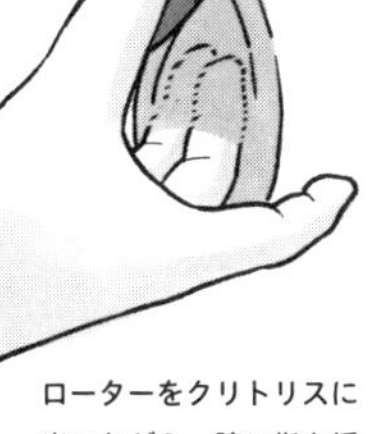

ローターを膣に挿入する時は、親指、人差し指、中指を使って。

膣の上側にローターを当て、振動させると効率的。

ローターをクリトリスに当てながら、膣に指を挿れるという技もある。

挿入するなら指も一緒に

膣にローターを挿れることもありますが、膣内はあまり感覚がないので、ローターだけだと気持ち良くありません。挿れるなら、指も挿入しましょう。もしくは、ローターをＧスポットに当てながら、クリトリスを舐めるという方法もあります。

的確に一発で見つけるテクニック

Gスポットの見つけ方

中指で“突き当たり”を見つける

Gスポットの位置や探し方は、セックス教本やネットでいろんな情報が飛び交っていますが、ほとんどが間違っています。

正しい見つけ方は、中指を膣の一番奥まで入れて、上の壁を這わせるように手前へ引き、突き当たったところがGスポット。恥骨、クリトリスの裏側です。

中指で見つけたら、指の形を変えずに、ほんの1mmほど押し込みます。そうするだけで、Gスポットの位置が合っていれば、女優さんの反応が明らかに変わります。

この時、手首はフラットに固定、曲げた指も手首も動かさないのがポイント。Gスポットはこすったりせず、最初は相手の体重を利用して押すだけ。声が盛り上がってきたら、1mmほど「トントントン」とリズム良く優しくクリトリス側に押し込むだけで良いです。ちなみにこの「トントントン」のリズム、「1トン」の間隔を0.8秒で押すと一番イキやすいと言われています。男の射精の「ドクンドクン」も0.8秒だと言われています。

押す力は、最初はソフトコンタクトレンズを入れる時くらいに抑えて、相手の反応を見つつ調整しましょう。

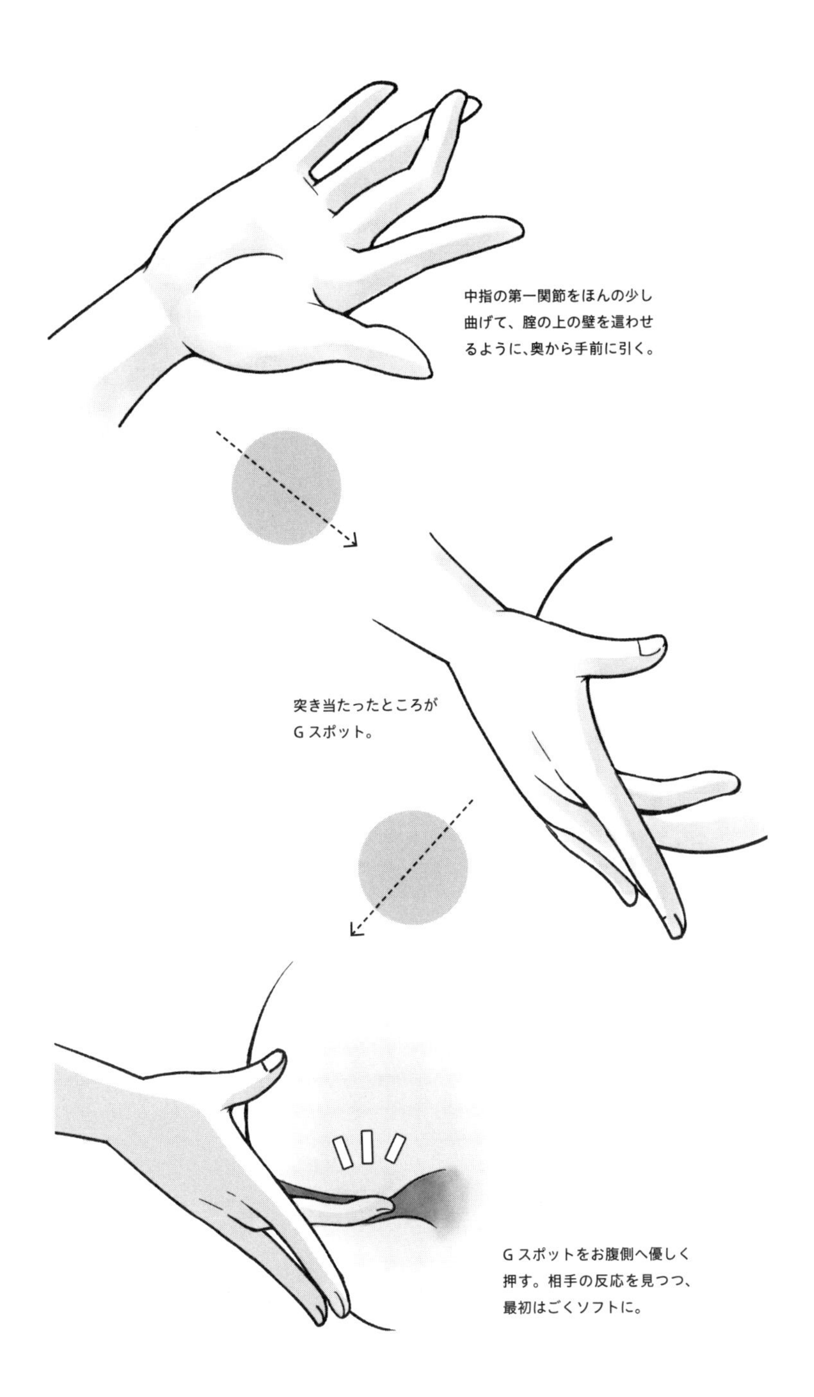

中指の第一関節をほんの少し
曲げて、膣の上の壁を這わせ
るように、奥から手前に引く。

突き当たったところが
Gスポット。

Gスポットをお腹側へ優しく
押す。相手の反応を見つつ、
最初はごくソフトに。

悶絶確実の奥義「しみクンニ」

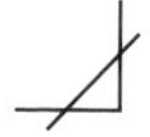

あえぎ声が「なるほど！」「捕まった！」に変わる

やはり男優たるもの、「やっぱりプロだ」「分かっている」と思っていただきたいもの。それが顕著に表れるのが「クンニ」と「チンコの挿入角とベクトル」です。この「しみクンニ」を体得すると、女優さんの緊張した表情を一気に「気持ち良くなっている表情」に変えることができます。

しみクンニは、Ｇスポットを押し、クリトリスを軽く吸いながら舌を縦運動、空いた手で乳首をつまんだり鼠径部を引っ張って、クリトリスを体の外に突き出させたりする、一連の動きを言います。

ポイントは、舌の動きと乳首をいじる指の動きと強さをシンクロさせること。例えば、クリトリスを縦舐めしているなら、乳首も縦方向にクリクリする……といった具合です。その動きの方が自然だからです。

本気のしみクンニはとても静か

しみクンニは基本的に音が出ません。クリトリスを吸いながら、ちょっと舌を動かしているだけなので、とても静か。スタジオには女優さんのあえぎ声だけがこだまします。

ただ、モザイクがかかると分かりづらくなってしまうので、「舐めてますよ」というのを聴覚的に伝えるために、わざと音を出すこともあります。

舌を伸ばしてチロチロするのは、モザイクが入るため、舌が見えるように伸ばしているだけで、本来は唇とマンコをぴったりくっつけるのが理想です。ちなみに、舌を伸ばしてチロチロは舌が硬くなりがちで、クリトリスが痛くなったり気持ち良くなかったりするので、チロチロする時も舌を柔らかくしていられるテクニックを体得しましょう。

しみクンニの流れ

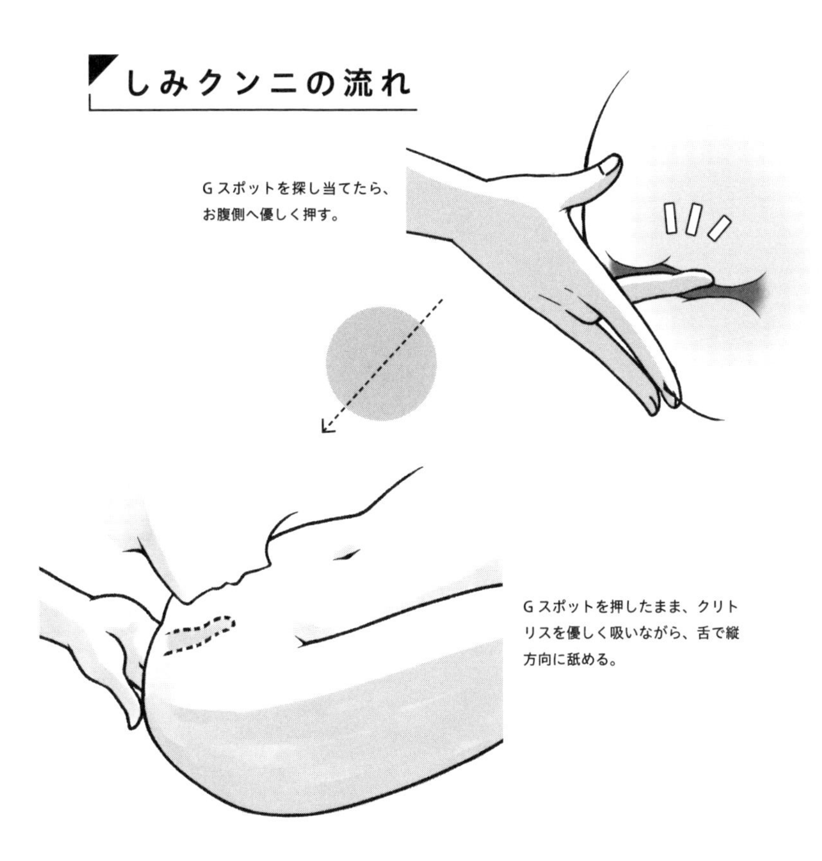

Gスポットを探し当てたら、お腹側へ優しく押す。

Gスポットを押したまま、クリトリスを優しく吸いながら、舌で縦方向に舐める。

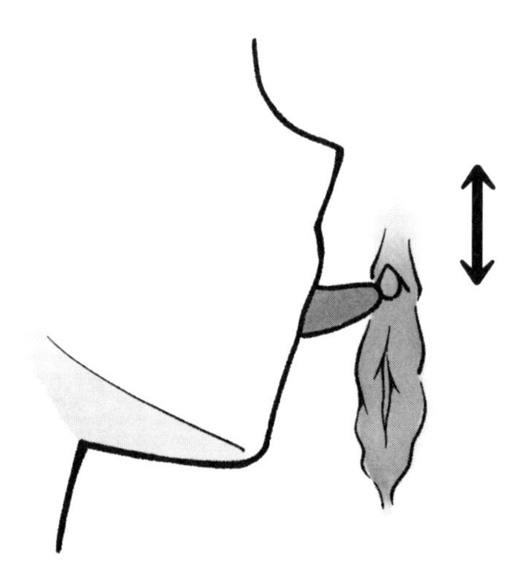

クリトリスを縦舐めする場合、舌の動きに合わせて、乳首も縦方向にクリクリする。

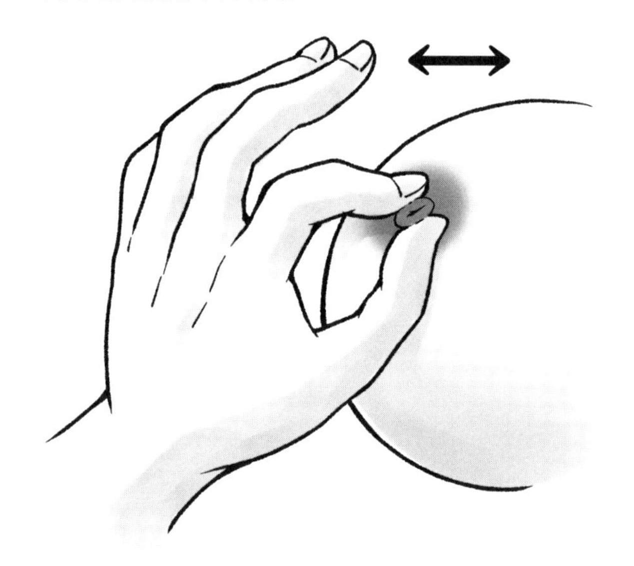

幾多の女優さんを悶絶させてきた「しみクンニ」。音を出さないのが基本だが、
舐めていることを表現するために、あえて音を出すことも。

女優さんから信用されているかが
問われるテクニック

潮の吹かせ方

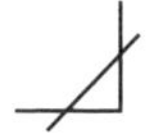

テコの原理を使ってGスポットを押す

潮吹きさせる方法は「Gスポットを押す」だけ。マッサージすると筋肉がほぐれるのと一緒で、おしっこをせき止めている筋肉を弛緩させるというものです。しみクンニのように中指と薬指でGスポットを押しますが、人差し指と小指をお尻に当てて、テコの原理で押すのがポイント。そうしないと力が上手く伝わりません。

潮吹きの潮は「出る気のない尿」なので、朝イチの潮は黄色くて味が濃く、女優さんも潮吹きを嫌がることが多いです。そのため、水を飲んで水分を循環させて、潮を透明にする作業をします。一番いいのはなた豆茶ですが、ポ〇リスエットのお湯割りでもOK。絡み前に女優さんは500mlから1L弱くらいは水分を摂っていますが、飲みすぎると水中毒になってしまうので要注意。

また、午前中は女優さんの体がほぐれていないため、午後に比べて潮を吹きにくい傾向があります。なので、その日の香盤表を見た時に絡みが3回あったら、1絡み目は無理に潮吹きを狙いません。次の男優に上手くバトンが渡るよう、膣内をほぐしておきます。

こうした工程があって、初めてAVの潮吹きは成り立っているんです。それを知らずにプライベートで女性に潮を吹かせようとすると、膣が痛くなることがあるので絶対にやめましょう！

潮吹きに失敗したら会話でつなぐ

よく後輩男優に「潮が出ると盛り上がって次に進めるんですけど、出なかったらどうすればいいんですか？」と聞かれます。そんな時は「すごく濡れてるよ。気持ち良かった？　じゃあ今度は気持ち良くして」のやり取りで次に進みましょう。

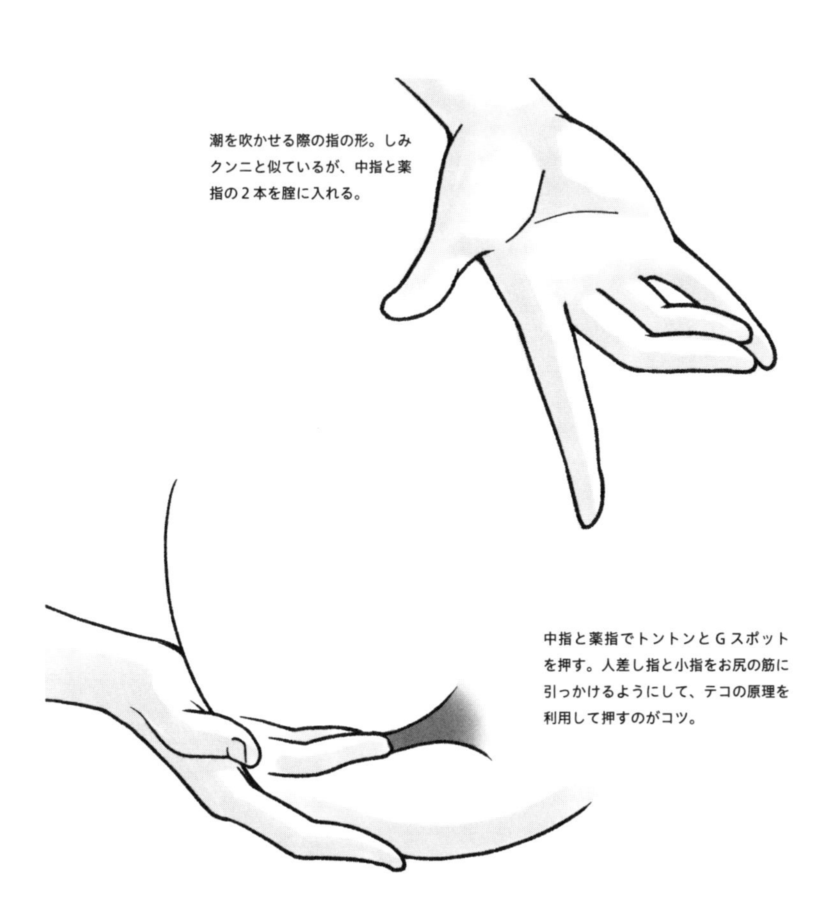

潮を吹かせる際の指の形。しみクンニと似ているが、中指と薬指の２本を膣に入れる。

中指と薬指でトントンとＧスポットを押す。人差し指と小指をお尻の筋に引っかけるようにして、テコの原理を利用して押すのがコツ。

BEST 1 潮を吹かせやすい体勢 1

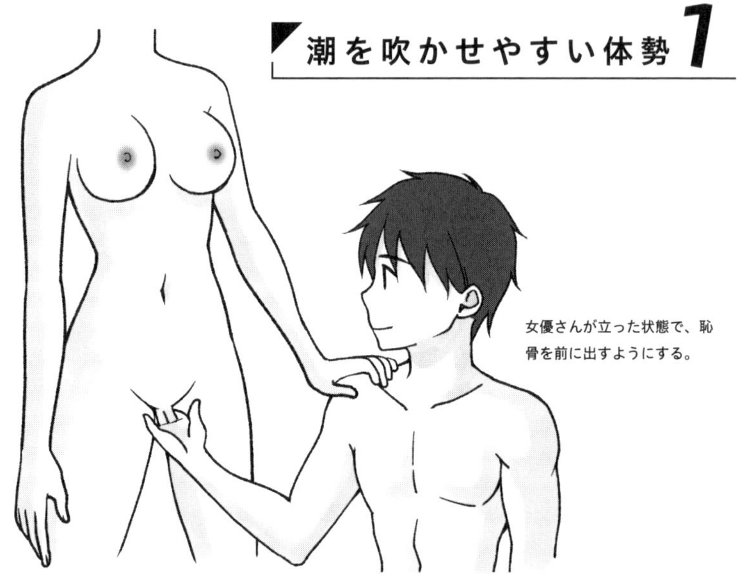

女優さんが立った状態で、恥骨を前に出すようにする。

BEST 2 潮を吹かせやすい体勢 2

女優さんが仰向けに寝て、両足を斜めに開いた体勢。

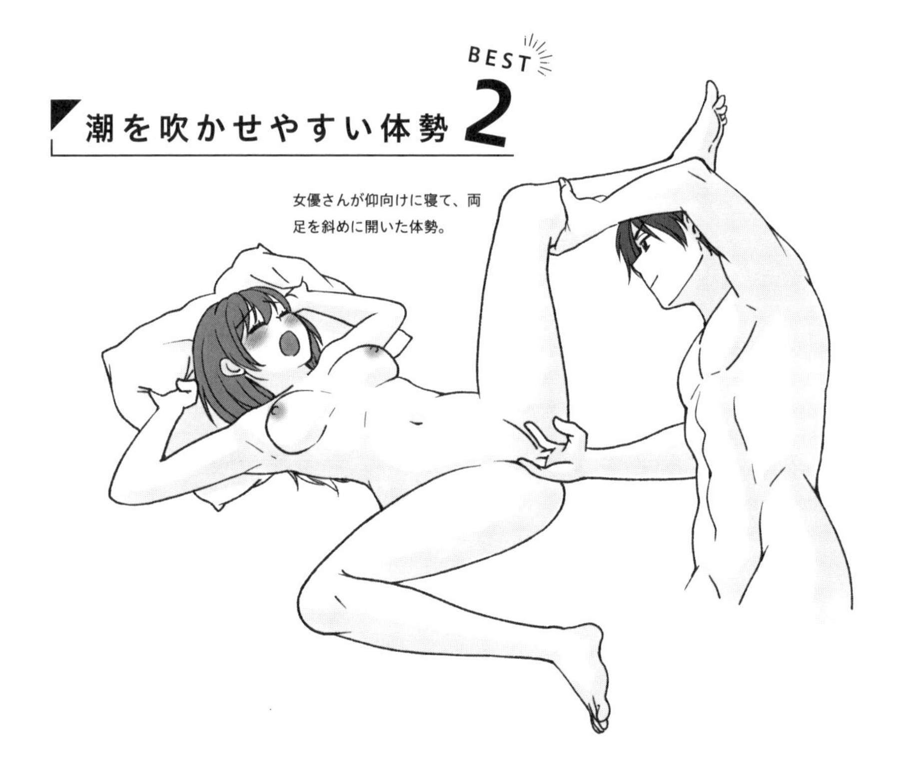

BEST 潮を吹かせやすい体勢 3

女優さんが四つん這いになり、腰を上げた体勢。

BEST 潮を吹かせやすい体勢 4

女優さんが腰をかけた体勢だと、お尻を指でロックしづらく動かしづらいので吹かせにくいうえ、尿道が下を向くのでボタボタ系の潮吹きになる。そんな時は女優さんの腰を少し浮かせて、手をロック＆押すための空間を作ろう。潮吹きがボタボタ系とピュッと飛ぶ系のどちらになるかは、尿道の太さを見れば判別可能。

潮吹きをさせる前に

潮吹きさせる時、男優は照明の位置をすごく気にします。どういうふうに潮を出せばきれいに見えるかを、絡み前に監督と照明さんに確認しておくといいでしょう。

テンションを変えずに
自然に体位を変えるテクニック

スムーズに体位を変える

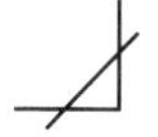

関節を持って転がすと力いらず

トップ男優になると、さまざまな体位や展開を求められます。イカセ、激ピストン、アクロバット、合間に潮吹き……etc。平均5体位はやりますから、体位を変える時にいちいち手間どっていては、男女ともにテンションが続きません。

女優さんに「一般人と男優の違いは？」と聞くと、「安定感がありテンポが良く飽きさせないので時間が短く感じる」という答えが幾度となく返ってきます。その安定感とテンポの良さに欠かせないのが、このスムーズな体位チェンジ。

僕は女優さんの肩やひざなどの関節を持って、体を向けたい方へコロンと転がします。力はまったく使いません。合気道のごとく、相手の力を味方にしてコロンと、です。「よっこいせ」とする体位チェンジは、無駄な力を使っているから「よっこいせ」と声が出るんです。なので疲れます。

また、「足を抱えてほしい」「お尻を突き出してほしい」といったプラスの動作がある時は、女優さんを言葉で導いてあげましょう。「足抱えて」「お尻突き出して」「こっち見て」などです。その時に注意が必要なのは、「ごらん」という言葉を使わないようにすること。「足を抱えてごらん」「突き出してごらん」etc……いらなくないですか？　なんか上から目線な感じもしますし、セックス中の会話は頭を使わないように「短い文章のやり取り」が理想なので、「ごらん」にはお気をつけを！

正常位から側位へ移行する場合

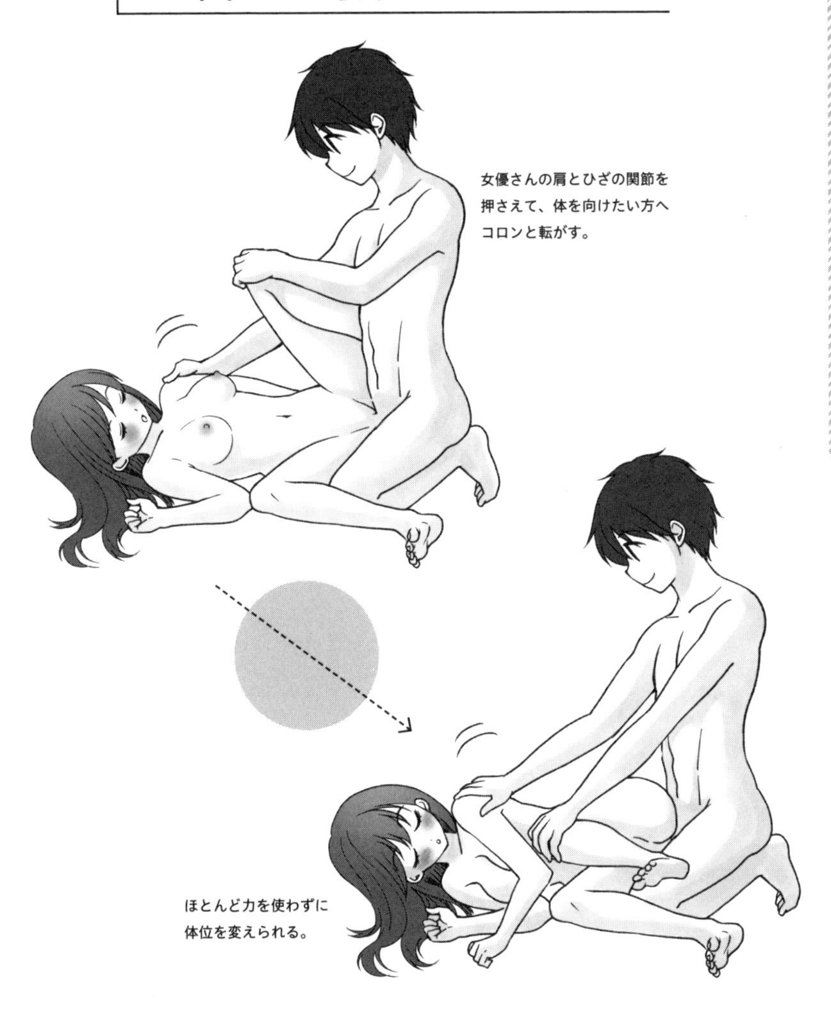

正常位

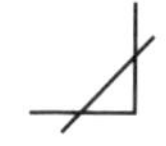

トレンドはブリッジ系の体位

どんな体位でするにしても、挿入したら5～10秒は動かさないのが基本。これはチンコに慣れさせるためで、女優さんが痛くなりにくくなります。

正常位のバリエーションで流行っているのが、女優さんがエビ反りの体勢になるブリッジ系。エビ反り絶頂ものが流行り、「感じているように見える体位」ということでトレンドに。男優は重力を利用して腰を揺らすだけで、力は不要です。

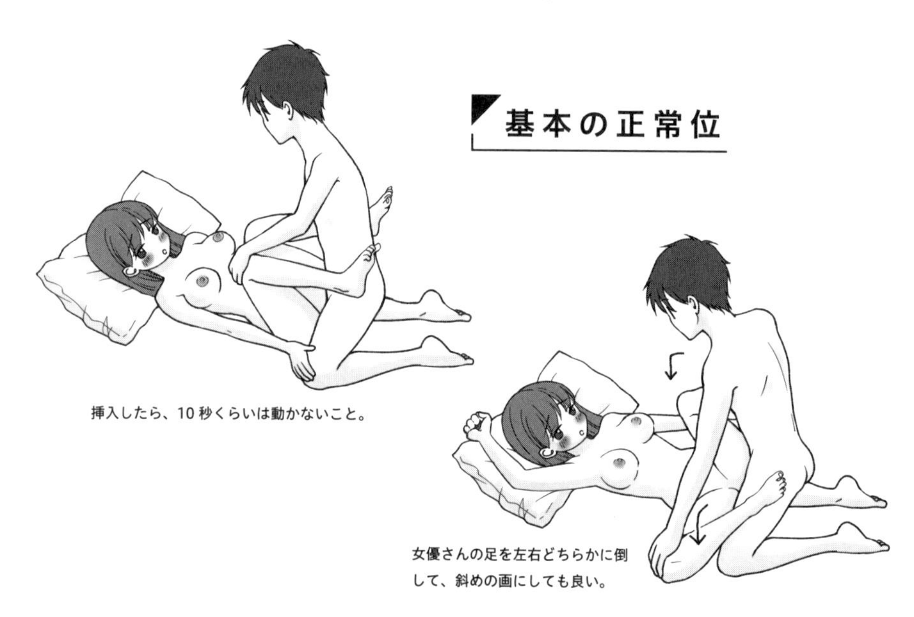

挿入したら、10秒くらいは動かないこと。

女優さんの足を左右どちらかに倒して、斜めの画にしても良い。

ハメしろを見せる正常位

男優が左足で女優さんの右足をロックすると、ハメしろをしっかり見せられる。女優さんの頭を左手で支えて、起こすのがポイント。

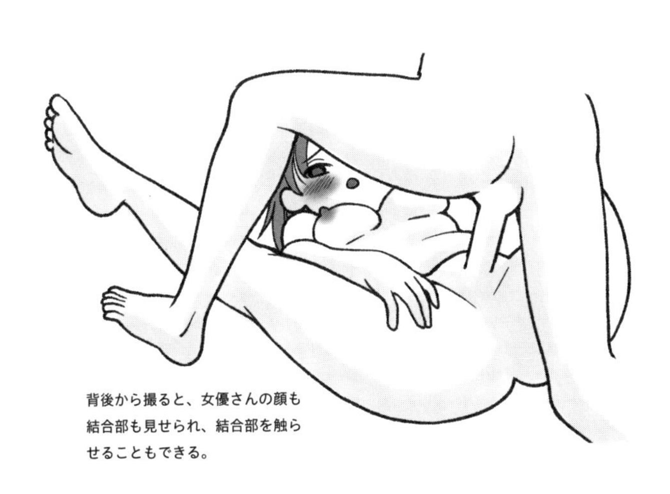

背後から撮ると、女優さんの顔も結合部も見せられ、結合部を触らせることもできる。

閉脚正常位

女優さんが両足を閉じた状態で、男優が足を持ち上げて挿入する。足が長くキレイに見えるうえに、Gスポット経由ポルチオ行きになるため、女優さんがとても気持ち良くなれる体位。

エビ反り正常位

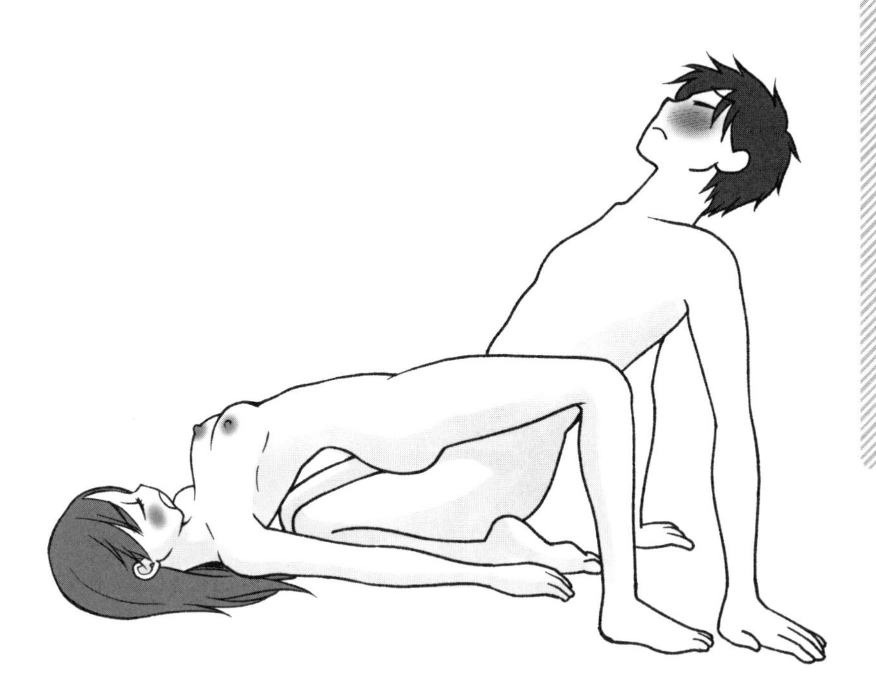

女優さんがエビ反りになり、男優は上体を反らして腰を揺らす。重力を味方にできるので、男優にとっては非常に楽。巨乳の女優さんの場合、両手をつないでおっぱいを守りつつ、揺れを見せるというテクニックもある。

騎乗位

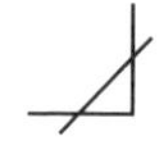

女優さんの手を遊ばせない

騎乗位で大事なのは、女優さんを動かしやすい姿勢に導いてあげること。女優さんの手が、男優の腰や胸など、どこかしらに触れると女優さんの肩が安定し、動かしやすくなります。騎乗位で手がぶらーんと遊んでしまっているのが一番いけません。

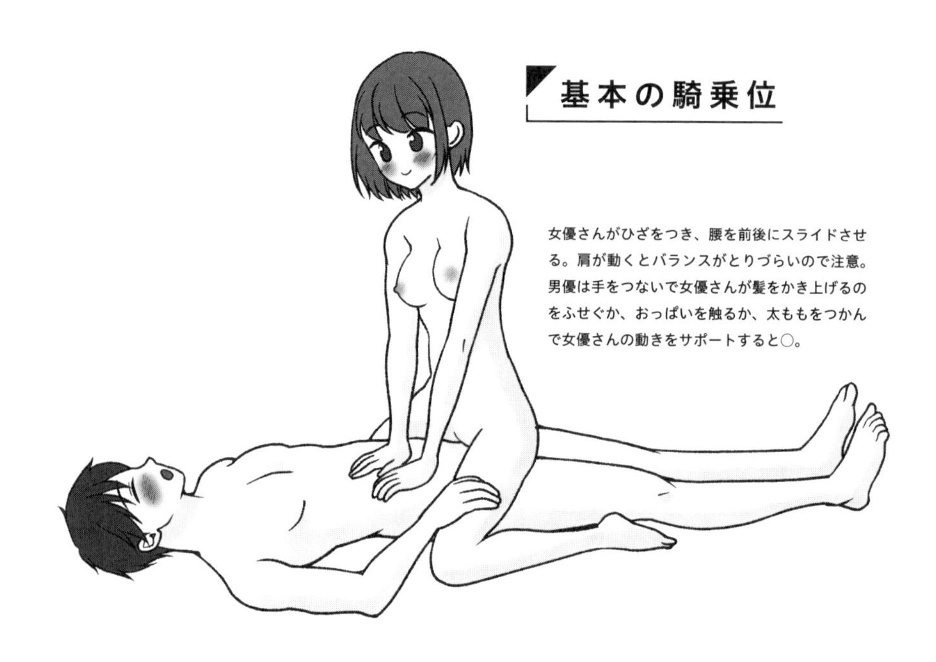

スパイダー

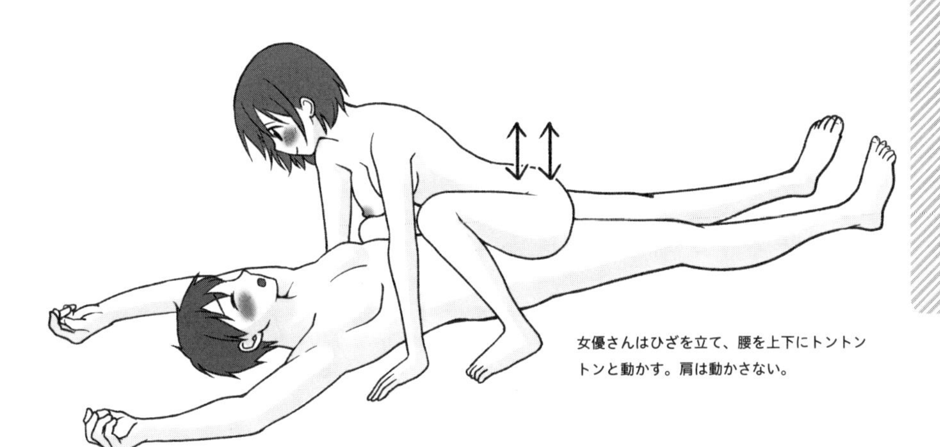

女優さんはひざを立て、腰を上下にトントントンと動かす。肩は動かさない。

ハメしろを見せる騎乗位

女優さんはひざを立て、のけ反る。ハメしろ、女優さんのおっぱいと顔を全部見せられる体位。重力を使ってGスポットに当てやすいので、見た目に反して気持ちイイんです！

背面騎乗位

お尻がきれいな女優さんの場合、基本の騎乗位からクルッと回転して、背面騎乗位へ移行することも。女優さんは胸とあごを張って、背中のＳ字カーブを作るのがポイント。絶景なり。

バック

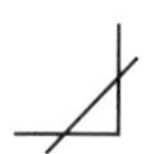

挿れやすい体勢に女優さんを導く

バックでする時に男優がよくぶち当たる壁は「挿れづらい」です。挿れづらい体勢に自分を合わせようとせず、「もっとお尻をこっちに」などと声をかけて、女優さんのひざを鋭角にし、自分が挿れやすい体勢に女優さんをいざなうことが大事です。

挿入する時は、チンコをクリトリス側から這わせて挿れます。アナル側から挿れると、ばい菌が入る可能性があるからです。

基本のバック

女優さんはひざを開いて鋭角にし、ひじをついた体勢に。男優は女優さんの仙骨を押さえて固定する。

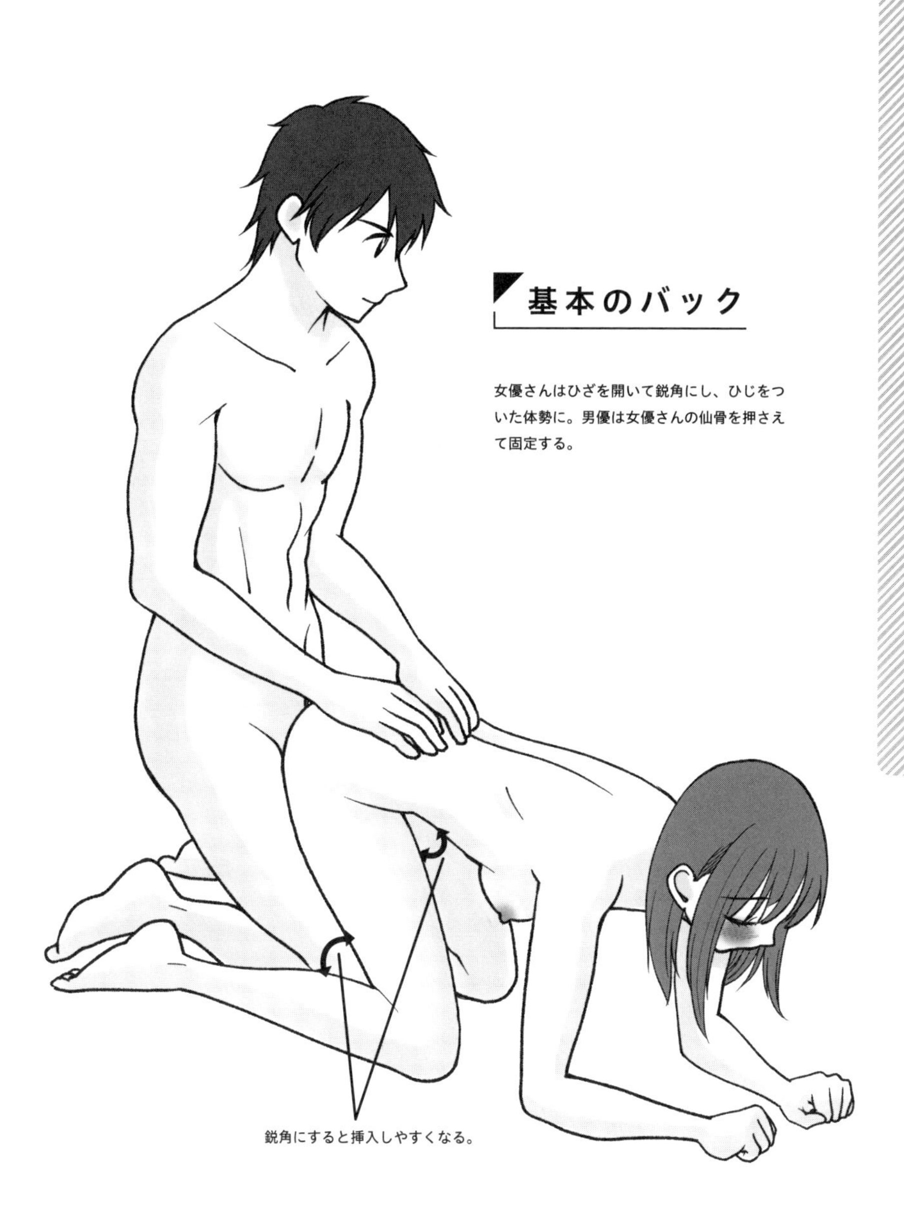

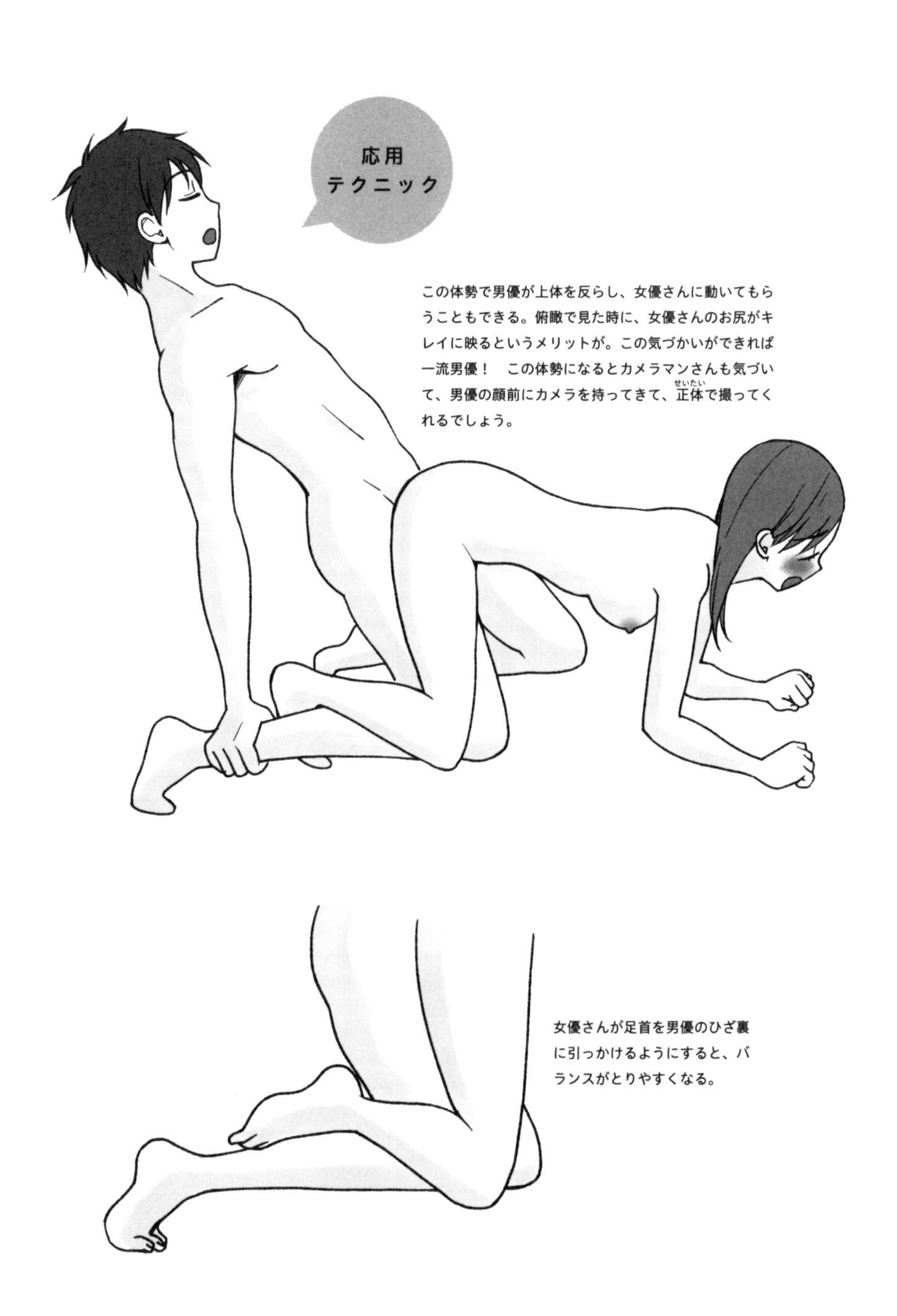

応用テクニック

この体勢で男優が上体を反らし、女優さんに動いてもらうこともできる。俯瞰で見た時に、女優さんのお尻がキレイに映るというメリットが。この気づかいができれば一流男優！　この体勢になるとカメラマンさんも気づいて、男優の顔前にカメラを持ってきて、正体で撮ってくれるでしょう。

女優さんが足首を男優のひざ裏に引っかけるようにすると、バランスがとりやすくなる。

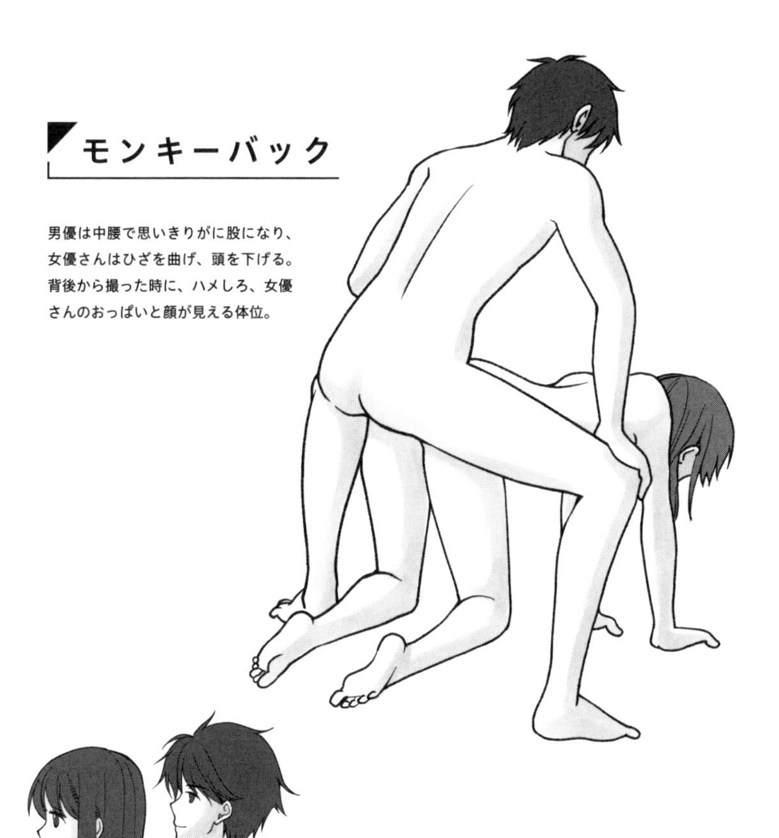

モンキーバック

男優は中腰で思いきりがに股になり、女優さんはひざを曲げ、頭を下げる。背後から撮った時に、ハメしろ、女優さんのおっぱいと顔が見える体位。

ロールスロイスは女性がイキやすい体位のひとつ

僕は 48 手のうち、一番気持ちいいのはロールスロイスだと思っています。AV でも、女優さんが一番声の出る体位です。ロールスロイスに移行する際は、女性が正座をした状態でつっぷす“正座バック”から、女性が上体を起こします。腰を入れて背中を S 字になるようにし、男性は女性の両肩を手で支えてあげましょう。そうすると、膣がペニスにテンションをかける形となり、G スポット経由ポルチオ行きの理想的なルートとなります。

女性は腰を入れて背中が S 字を描くようにし、足を少し逆八の字に開く。男性は女性の肩を支える。

立ちバック

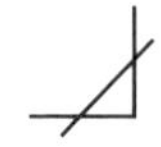

腰を入れて背中はまっすぐかＳ字曲線、かかと重心にするのが重要

立ちバックで大切なのは女優さんの体勢で、背中が丸まっていると挿れづらいんです。高いところに手をついて、お尻を突き出すようにして腰を入れ、背中をまっすぐかＳ字曲線にするのが基本。身長差がある場合は、ひざを曲げてもらうなり、足を広げてもらうなりして調整しましょう。僕は身長 163cm ですが 206cm の女優さんと立ちバックができたので、「身長差」はテクニックで埋められます。この状態で女優さんの肩と腰を持ってあげると安定します。

女優さんがかかとを上げていたら、下につかせましょう。かかと重心にして、体勢を安定させるのも重要です。

スムーズに挿入するには

挿れる時に、挿入口を確認する男優は五流です。女性を挿れやすい体勢に導いてあげたら、クリトリス側からペニスをなぞるようにして挿入しましょう。そのまま垂直に挿れると、ビラを巻き込んで女性が痛がることがあります。

女性は背中をまっすぐにして、かかとをしっかりつけて踏ん張ること。身長差がある場合は、男女どちらかがひざを曲げる、足を広げるなどして調整を。

ハメしろを見せる立ちバック1

女優さんの片足の下から手を通し、つないだ手で上げた足を固定。この体位ならハメしろがバッチリ撮れる。

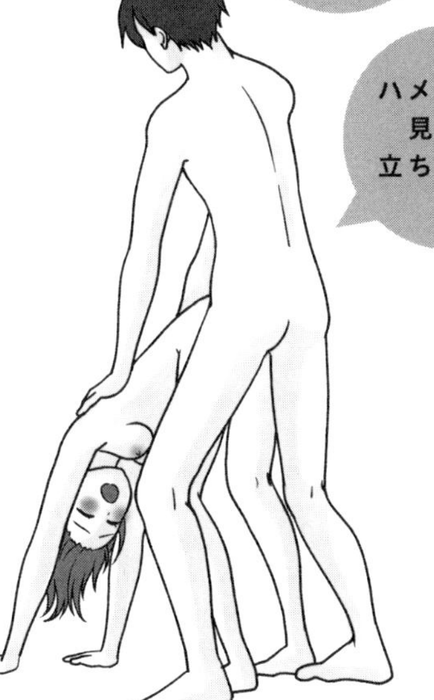

ハメしろを見せる立ちバック2

女優さんは四つん這いになり、頭を下げた体勢に。背後から撮ると、結合部、女優さんのおっぱいと顔がすべて見える。

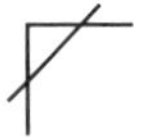

憧れの体位「駅弁」をマスター

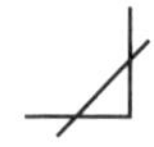

座位から移行するとスムーズ

駅弁をするには筋力もある程度必要ですが、コツを押さえれば、簡単にできる体位です。

正常位から駅弁に移行する場合は、まず座位に移ります。そして、女優さんに首を持ってもらって、うんこ座りします。そのまま互いの首と首をくっつけて、「よいしょっと」という感じで立ち上がりましょう。これでスムーズに駅弁へ移行できます。

駅弁は４万円以上の男優がやる体位。駆け出しのうちは、亀頭の片隅に置いておく程度で良いでしょう。

幻の体位「立ち正常位」

立ち正常位という、駅弁を介さないとできない隠れ体位が存在します。駅弁の体勢から女優さんが足を下ろし、気をつけをして恥骨を前に出すというもの。女優さんが片足だけ下ろすと「片足正常位」になります。この隠れ体位は、クリトリスがこすれて気持ち良く、キスもできるというメリットも。

いったん座位の状態になり、女優
さんに首を持ってもらう。
うんこ座りして、首と首をくっ
つけるようにする。
「よっ」という感じで、そ
のまま立ち上がる。

女優さんが痛がっている時の対処法

女優さんの気持ちを汲み取るには

女優さんが痛がっている場合、撮影が中断するので、その前に察知して予防するのが一流男優。

「苦しくない？」「痛くない？」「大丈夫？」「強くない？」など、女優さんが自分の意見を言いやすいように声をかけてあげましょう。僕は常々言っていますが、「気持ちいい？」は三流男優のセリフです。そんなことを言われたら「気持ちいい」と答えざるを得ないという強迫観念に駆られてしまいます。

もし、それと気づかずに女優さんが痛がってしまったら、いったん中断してスタッフさんと話し合いましょう。

擬似でする裏ワザもアリ

膣の奥が浅くて激ピストンが苦手そうな女優さんが相手なら、監督さんやカメラさんにバレないようにチンコを抜いて、擬似でパンパン激しくすることもありますが、これは一流男優の隠し技とも言えるでしょう。

他に、浅めに挿入する、チンコの硬さを調整するというテクニックもあります。男優は通常、チンコを８割から９割程度の硬さにしていますが、それを６割くらいに抑えます。射精の調整もするけど、硬さの調整もするのがプロの男優です。

絡む女優さんしだいでは、こっそりチンコを抜いて、音だけ出すというテクニックを使うこともある。が、これはプロでなければできない技。

ローションが欲しい時は

自分の手がフレームアウトしている時に、指をクルクル回すと「ローションください」の合図になり、AD さんがローションを持ってきてくれます。手マンの時にも使うテクニックですが、ローションで指が濡れたままだと指の表面が光ってしまい、観ている人に「ローションつけたな」とバレてしまいます。それを防ぐ裏ワザが、ベッドのへりで指の片面だけをぬぐい、乾いた面だけ見せるというもの。ぜひ覚えておきましょう。

カメラの外で指をクルクル回すと、AD さんがローションを持ってきてくれる。この時、目線は必ず女優さんに向けたままで。

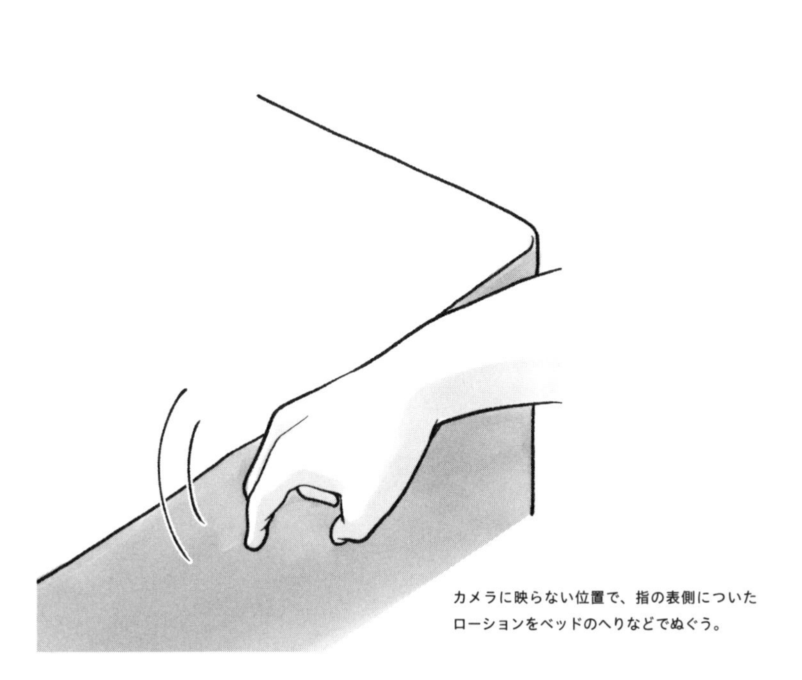

カメラに映らない位置で、指の表側についた
ローションをベッドのへりなどでぬぐう。

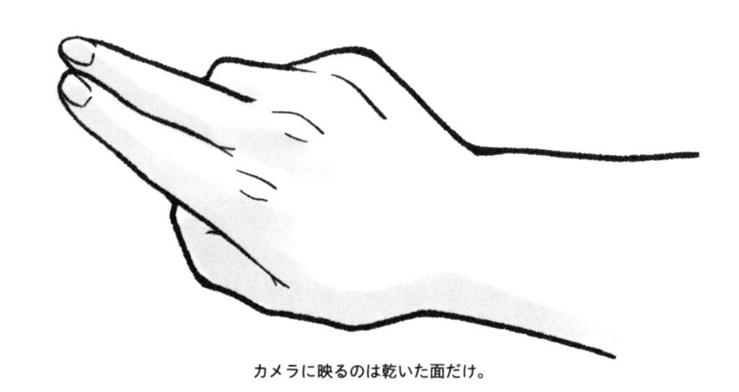

カメラに映るのは乾いた面だけ。

生理中の女優さんに
海綿をあてがうコツ

急な生理には海綿を使って応急処置

AV の撮影で女優さんの生理日に当たることはよくあります。緊張からか生理の予定日よりも早まったり、二重に子宮口へ刺激を受けて生理を誘発することも多々あります。

そんな時は、江戸時代から伝わる“海綿”というものを膣の中に入れて、海綿に経血を吸わせて行うのですが、入れる際に海綿の表面で膣がこすれてしまい、痛くなってしまうことがあります。

無痛で海綿を入れるスゴ技とは？

しかし、一流男優は“無痛海綿入れ”という技を持っています。これは、人差し指の上に水を含ませてからしぼった海綿を乗せ、ギュッと小さくして、人差し指と中指の間で挟み、スポンジの表面が膣の壁に当たらないようにして入れるというもの。

これができるのは相当上級レベル。そして、この入れ方を開発したのが僕です。

無痛海綿入れのやり方

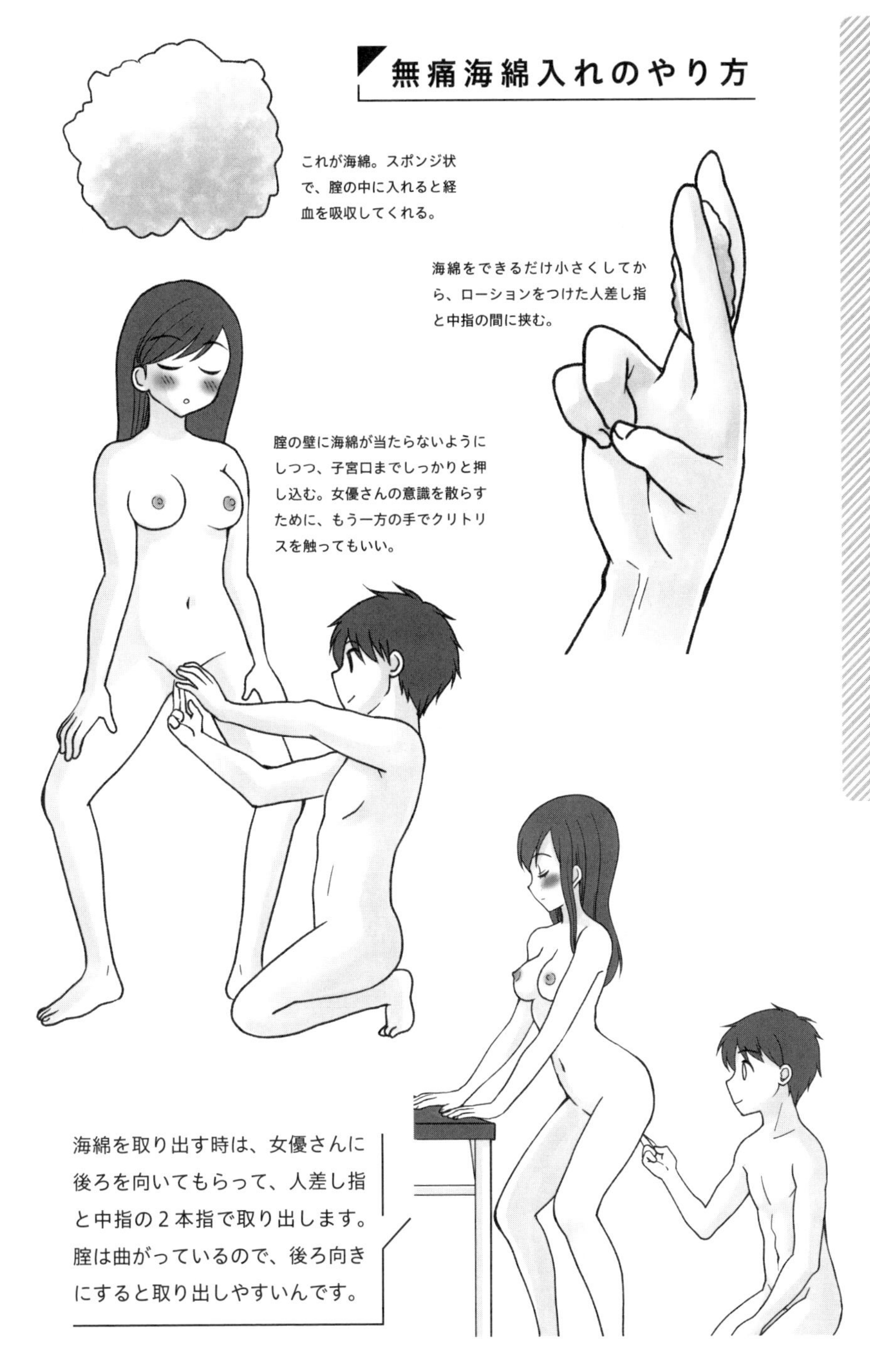
これが海綿。スポンジ状で、膣の中に入れると経血を吸収してくれる。
海綿をできるだけ小さくしてから、ローションをつけた人差し指と中指の間に挟む。
膣の壁に海綿が当たらないようにしつつ、子宮口までしっかりと押し込む。女優さんの意識を散らすために、もう一方の手でクリトリスを触ってもいい。
海綿を取り出す時は、女優さんに後ろを向いてもらって、人差し指と中指の２本指で取り出します。膣は曲がっているので、後ろ向きにすると取り出しやすいんです。

後戯

絡みが終わったあとは

絡みが終わったら、すぐに奥へ引っ込むのではなく、監督やカメラマンさんの近くで待機してください。理由は、絡み後に女優さんにインタビューすることがあるからです。男優が聞くか監督が聞くかはその時々で変わるので、監督と目を合わせて、しっかりとコンタクトをとりましょう。

そのあとは、自分のチンコより先に、女優さんの顔や発射した部分を拭いてあげましょう。スチール撮影があるかもしれないので、カットがかかったらスタッフさんの誰かに「後スチ入りますか？」と聞き、「大丈夫です」と言われてから動くこと。

女優さんの体を拭く時は、ティッシュでこすらずに押さえるようにして、「大丈夫だった？」と声をかけながら起き上がらせます。次はうがいさせて、水を飲んでもらいます。ここまでが後戯です。本来はADさんの役割ですが、コミュニケーションとして、僕は必ず自分でやっています。

SPECIAL INTERVIEW

コロナ禍のAV男優とアフターコロナのセックス

2020年春――新型コロナウイルスの感染拡大により、政府が緊急事態宣言を発令し、AV業界も撮影中止やイベント自粛など大きな影響を受けた。コロナ禍という異常事態の中で、AV男優はどう過ごしていたのか？　アフターコロナのセックスはどうあるべきなのか？　しみけんに気になるあれこれを聞いてみた。

紙製品の持ち寄り、謎ルール……新型コロナに翻弄されたAV現場

新型コロナで騒ぎ始めたのって3月くらいでしたよね？

――みんなが騒ぎ始めたのは3月下旬あたりじゃないですかね。それまではダイヤモンド・プリンセス号の一件を、みんな他人事のように見ていたように思います。

AV業界も他人事感がありましたね。「バラしますか？」「いや、うちは仕事ありますよ」なんて会話をしていたのを覚えています。

――それはいつ頃ですか？

3月下旬頃。4月の何日かまではそんな話をしていました。緊急事態宣言が出たとたんに、もう一斉バラシ。緊急事態宣言が出てから5月中旬くらいまではひとつも現場がなかったです。5月の中旬くらいからは増え出したのかな。その頃には、現場にもなんかヘンテコなルールがあって。「キスは少なめにお願いします」とか。

――その時期って、まだマスクが品切れしていたくらいの時期ですよね。

そうそう！　市場からトイレットペーパーがなくなったから、AV現場のトイレットペーパーの保管庫に鍵がかかってました。「トイレのペーパーがなくなったらスタジオマンにお声掛けください」と貼り紙があって。あと、ティッシュペーパーもなくなったでしょ？　だからトイレットペーパーとかティッシュの持ち寄りもあったんです。自宅にあるものを持ってきてください、自分で使う分は自分で持ってきてくださいって(笑)。

――現場ではもう用意しきれないと……。

しきれない。ティッシュはそれまでAV男優がパッパと使っていたのが、やっぱりめちゃくちゃ資源を大切にするようになって。僕はスタッフさんに「しみけんはチンコ小さいからティッシュ1枚で足りるだろ」と言われました。

――(笑)。あの頃はウェットティッシュもなくなりましたもんね。男優さんは竿を拭くのに使うんじゃないかと思うんですけど。

ティッシュの方が使いますね。

――現場ではコロナについて、そこまでうるさくは言われなかったですか？

いや、毎日一筆書かされました。感染者が出たり、家族が感染した人がいた現場は強制的にバラシになって、全員PCR検査を受けて、陰性でも2週間は現場に出られなかったですし、今もそうです。

――そこは今の状況と同じような感じですね。感染が怖いという気持ちは、男優さんよりは女優さんの方が強いと思うんですけど。

そういう気持ちは全員ありました。女の子が撮影を嫌がったら、すぐにバラしていました。

――現場にアルコールは置いてありましたか？

ありました。検温と消毒はちゃんとやっていま

したけど、発熱する前の日が一番うつすと言いますし、検温だけでは不安ですよね。

――約1ヵ月半くらいは現場がなかったとのことですが？

はい。イベントと講演会、パチンコの営業などが全部飛びましたね。

――もったいない話ですね。空いた時間はどう過ごしていたんですか？

「忙しい人間が時間をもてあましたら、コロナ後にめちゃくちゃ成長して出てくるぞ」という恐怖におびえて、ひたすら筋トレ、本を読む、クイズを覚えるの繰り返し。あとは、YouTubeコンテンツを撮ったり、本の出版があったから原稿も。なので、コロナ禍でもやることはありました。

コロナ禍をビジネスチャンスに変えられる人こそが“本物”

――しみけんさんのように下地がちゃんとあるトップ男優と、これからAV男優として頑張ろうとしている人だと、自粛によるダメージにもだいぶ差があるんでしょうね。

それはありますね。

――後輩の男優に話を聞いたりしました？

聞きました。やっと現場に呼ばれ始めていた男優でも、知名度がない人は呼ばれなくなる傾向に。まだ信用が足りないからですね。ギャラが安いどこの馬の骨か分からないような新人男優よりも、ベテランの方が自己管理をしっかりしているだろうという印象があるんだと思います。

――とはいえ、製作費の問題もありますよね。

今回のコロナで本当に思い出したのが、30歳の頃にメンターから言われた「けんちゃんは明日チンコが取れちゃったらどうするの？」という言葉。「今は調子に乗って金をバンバン使っているけど、病気やケガで倒れた時にお金って何か入ってくるの？」と。実際に僕には男優以外の収入が何もなかった。「調子のいい時に何か他のことをやらないと上手くいかないよ。チンコが使えなくなって下降気味の時に何か始めても、誰もついてこないよ」って。なので、その頃から明日チンコが使えなくても食っていけるように準備を始めたんです。

――AV男優以外の柱を作る、みたいな……。

うん。でも、他の男優はあまりそういうことをしていないから、こういう時期に苦しくなっちゃうよなぁ。ちゃんとしている人が残る。

――こういう時だからこそ、ということなんですかね。

僕たち男優は特殊な職業なので、いつまでもこの調子が続くと考えていたら駄目なんです。今回コロナ禍になって、みんなそこは痛烈に学んだと思います。それでも時代のせいにしてずっと文句ばかり言っている男優は、今後時代の波に呑まれてしまうと思います。

――ただ、男優の場合は下積みのうちに他の柱を作るのは難しいと思うんですよ。バイトと掛け持ちをするのが精一杯じゃないですか？

僕は今の時代、無名が有名になるチャンスだと思っています。これだけSNSが発達しているんだから、自分を売り込む絶好のチャンスじゃないかって。実際、自粛期間中はPVが全然違いました。みんなYouTubeを始めたし、僕もオンラインサロンとYouTubeで「しみけんチャンネル」という新しいチャンネルを始めました。僕がもし無名の新人男優だったら、今までのAV体験をツイッターとブログとインスタ、YouTubeの4つでスクラムを組んで発信するかな。で、シナジーマップをどこに集約するかを考えてマネタイズすることを考えます。

――せっかく時間ができたんだから、と。

そう、コンテンツ貯めです。

――大半の人は「自分にはそんな才能はない」「そんな余裕はない」とか言いそうですね。

そうやって言い訳する人は、何をやっても言い訳をしますよね。誰だって最初は無名だし、僕も最初は無名で才能なんてなかったのを、自分で積み上げてきたわけだから。その第一歩が早いか遅いかだけだと思う。

――これを機に引退した男優はいましたか？

汁男優にはいますね。多くの汁がウーバーイーツの配達員をやっていると聞きました。AV男優で廃業したというのは聞かないですね。メーカーさんや制作会社が解散したという話は聞いています。もともと男優は数が少ないから、名前が通っている人はそれなりに仕事が回っているんです。

――女優さんは自粛期間中、どう過ごされていたんですかね。

分からないけど、SNSで何かしら発信していたとは思います。女優さんはイベントをしてファンをつけていかないといけないのに、イベントができなかった。大変だったと思います。女優さんって、イベントをしてファンをつけて、応援してもらって次の作品を買ってもらうというところまで全部セット。なのにイベントができないとなると、女優さんもメーカーさんもしんどいと思います。

アフターコロナのセックスは好きな人とのコミュニケーション

――アフターコロナのセックスについて、考えをお聞きしたいのですが。

感染症医の先生とお仕事をして一番分かったのは、人はしゃべるから感染するということ。マスクをしていても、それだけでは飛んできたコロナウイルスを防げない。じゃあなんでマスクをするのかというと、自分が明日熱を出すかもしれない、その飛沫を撒かないためにマスクをするんだということを聞いて、なるほどと思って。電車とかパチンコ屋とか、みんなしゃべらないでしょ。だから集団感染が起きないんだ！と。僕は人としゃべる時にはもちろんマスクをするし、マスクをせずにしゃべろうとする人が集まる場所には絶対に行かない。あと、手洗いうがいはやっぱり正義ですよね。アフターコロナのセックスについては、ニューヨーク市保健局が指針を示していましたよね。見ました？

――オナニーをするとか、リモートでエロいメッセージや写真を送る……とかでしたっけ。

オナニーとかリモートでのやり取りを「セックスじゃないじゃん」というのは、セックスはチンコをマンコに挿れる行為だと思っている人たちの考えで、本当のセックスというのはコミュニケーションをとることなんだよ、というのを教えてくれましたね。あれは素晴らしかった。

――直接抱き合ったりするのはアリだと思いますか？

しゃべらなければ(笑)。いや、僕は感染症医じゃないからコロナ的な観点からは言えないですが……。キスなし、アナル舐めなし、ずっとマスクを着けて、あえぎ声を大きくせず、バックでやるのが、感染リスクの一番低いセックスのやり方だとは言われましたけど(笑)。

――めちゃくちゃ限定されてますね。

ねえ。コロナは口とアナルからはうつらないらしいです。クンニ、フェラでは……と言っても息はしますからね(笑)。

――そこまで制約が多いと、セックスに対して気持ちが上がらないですよね。カップルでリスクを共有するしかないんでしょうか。

それはそのカップルに委ねましょう。僕からは何も言えません。

――しみけんさん自身の考えとしてはどうですか？

AV男優的な観点で言うなら、したいよね。アリかナシかじゃなくて抱き合いたいよね、好きな人と。そのあたり、大切な人とよく話し合って、このコロナ禍を乗り切りましょう！

しみけん

1979年、千葉県生まれ。
男優歴23年、出演本数1万本、
経験人数1万人を超えるトップAV男優で、性の求道者。

趣味は筋トレ、クイズ、ダンス、食べ歩き。
ボディビル大会の入賞歴があり、BSスカパー「地下クイズ王決定戦」(BAZOOKA!!!)では
第4回、第5回で地下クイズ王に輝く。
著書に『1万人抱いてわかった! モテる男39の法則』(清談社Publico)
『AV男優しみけん仕事論0.01極薄!』(扶桑社)
『SHIMIKEN'S BEST SEX　最高のセックス集中講義』(イースト・プレス)
『しみけん式「超」SEXメソッド 本物とはつねにシンプルである』(笠倉出版社)など多数。

Twitter：@avshimiken
Instagram：@avshimiken
公式ブログ：ameblo.jp/avshimiken

AV男優って稼げるの？
しみけん式本気で目指すAV男優

発行日	2021年1月1日 初版発行
著者	しみけん
図解イラスト	ありまなつぼん
発行人	笠倉伸夫
発行所	株式会社笠倉出版社 〒110-8625　東京都台東区東上野2丁目8番地7号 笠倉ビル 営業・広告　0120-984-164
編集	有限会社スタジオエクレア
印刷・製本	株式会社光邦

ISBN 978-4-7730-6119-2
※乱丁・落丁本はお取り替えいたします。